はじめに

二〇〇七年に『大丈夫！　子育て順調よ！』を出版し、早くも四年が過ぎました。この間、多くのみなさんに読んでいただきました。「元気が出ました」「がんばれそうです」「涙が出ました」「子どもが生まれたときのことを思い出し、やさしい気持ちになりました」「順調！　順調！　いいことばですね！」「子どもの気持ちが少しわかった気がします」「思春期ってステキですね」。また子どもたちからは「命を大切にします」「親に感謝です」「自分らしく生きていきます」などたくさんの声を返していただきました。

子育て中のお母さんお父さん、そして思春期の子どもたちに私の思いが届き、エールを送ることができたとうれしく思う反面、この間、全国を回り「どうしてなんだろう」と何かさみしい思いをしたのも事実です。お母さんお父さんも、おばあちゃんおじいちゃんも、保育園・幼稚園・学校の先生方も、地域のみなさんも、それぞれ子どものことを思い、子どもの幸せのためにがんばっているにもかかわらず、それぞれが空回りし、子どものためにいま、何をどのようにすればよいのか悩み、落ち込んでいる、そんなみなさんとの出会いが多々ありました。

親は立派な子育てをしなくては……と他に頼らずひとりでがんばり、行き詰まり、悩み落ち込む。地域のみなさんは若い親や子どもたちを支え、いろんなことを伝えていきたいと思っているのに、どう関わっていけばよいのかわからない。学校、保育園、幼稚園の先生方は保護者や子どもたちとどう向き合い、何をどのように伝えていけばよいのか悩んでいる。子どもたちもいい子を演じるのに疲れ「見て！　見て！」とサインを出す。みんながステキなのに……。どうしてなんだろう⁉　そんな思いがいつも私の中にありました。

その思いを私はこの間、出会ったみなさんに伝えてきました。「子育ては親だけでするものではありません。子どもに関わるすべてのおとなたちが、褒めて叱って伝えていく。10の力をもったひとりのおとなが子どもに関わるより、1の力をもった10人のおとなが関わる、このことが大切なのではないか。その1の力を出し合い、子どもに関わっていきましょう。家庭と地域と学校・園と手をつなぎ、できることをできることからやっていく。このことが子どもの幸せに必ずつながるのです」と……。

「熊丸さんのこの思いを、もっと多くのみなさんに伝えていきましょう！」と、今回もかもがわ出版の鶴岡淑子さんのお薦めと全面的なご協力で、本書を出版することができました。

この本を、子どもの幸せを願い、子どもに関わりがんばっているみなさんに読んでいただき、私の思いを少しでもお伝えできれば、こんなにうれしいことはありません。

うちの子、最高！

子どもたちに伝えたい！　親として、おとなとして、地域として

◎

もくじ

第2章　思春期のあなたに伝えたいこと――63

第3章　子どもたちにどう関わり、伝えていくか―――― 91

表紙・本文写真　松尾　竜治
本文写真10・97頁　廣岩　素樹
イラスト　田中せいこ

第１章

親として、おとなとして、地域として

♠子どもも親も順調です！

今日はこれから人生の先輩であるみなさんと、私たちと一緒に歩いてくれる若い方たちに、また後ろから歩いてきてくれる次代の子どもたちに、おとなたちはいま、何をどのように伝えていけばいいのかを一緒に考えてみたいと思います。

会場には若いかた、それなりに若いかた、それから人生の先輩、むかしお姉さんだったかたといろいろですので、笑いがズレルかもしれません。若いかたはパッと笑われるのですが、ある程度人生を歩いて来られたかたはあとから笑われるので、ズレルかもしれませんが、それなりに和気藹々とおもしろいと思ったところで笑っていただければと思います。

まず始める前に、ご挨拶をしましょう。どうぞみなさん隣りのかたと「こんにちは」をしてくださいますか。どうぞ！　それではみなさんにお尋ねします。いま横のかたと「こんにちは」と顔を見合わせたときに横のかたがステキに見えたかた、さあ手を挙げましょう！　そうです、こんなときはさっと手を挙げたほうがいいのです、あとで問題が起きますよ（笑）。

私がどうして最初にこんなことをみなさんにやっていただくかと言いますと、おとなの私たちでも知らないかたから笑顔をもらうとうれしいものです。「笑顔は精神安定剤」。このことをまずみなさんに確認していただきたいからです。笑顔をもらうとなんとなくいい気持ちになりますね。

子どもたちはおとなよりもっとこの「笑顔が大好き」だってことを知っていますか。子どもは、お母さん、お父さん、おじいさん、おばあさん、おじちゃん、おばちゃん、先生の笑顔が大好きです。子どもにとってみなさんの笑顔は精神安定剤なのです、本当にそう思いますね。みなさんも「それはわかってるわよ、そう思っているから毎日子どもや孫に笑顔を出そうと思っている、でもなかなかその笑顔が出ないのよね」とおっしゃりたいでしょう。

いま現役で子育てをしているかた、お孫さんを見ているかたにお尋ねします。「子どもを見ると、孫を見ると、最初はかわいいけれどだんだんイライラしてくるのよ。もう朝から晩までギャアギャア叱ってばかりいるのよ」、そう思っているかた？

朝から晩までギャアギャア叱っている若いお母さん、「ギャアギャア叱って笑顔が出な

い、そんなわたしがイヤ」。そう思っているお母さん、いるでしょ？　でも大丈夫、私は全国を講演して回っていますが、この時期ギャアギャア言わない親はいません。なぜかと言うと、それは子どもたちがステキに育っているからです。

でも、親は子どもにギャアギャア言いながら、こんな私じゃダメ！　と落ち込むのですよね。みなさんもそうですね。だから反省して、子どもに謝りたくなるのです。でも子どもが動いているときはイヤ。自分が理性を取り戻したときに謝りませんか。それはどういうときかと言うと、子どもが動かないとき。そう、夜寝たとき！　一番かわいく見えるのです。そうでしょ、みなさん！

子どもの寝顔を見ているときに、「ごめんね、ガミガミの母さんで。明日からは絶対やさしくなるからね！」と決意するのです。全国共通、同じ時間帯にお母さんは子どもに謝っているのです。でも、朝起きたらもう忘れてギャアギャア言っているのです。

それでいいのです、みなさん順調ですよ！

♠イライラするのも順調！

毎日子どもを見ていると、ギャアギャア言うだけではなく、イライラしませんか。子どもを見ていて、孫を見ていて。

そしてこのイライラする自分がダメだ、いけないと思うのです。とくに若いお母さんがそうなんです。外出して、よその子ども連れを見たりすると、なんかよそのお母さんがやさしく見える。自分だけイライラしているように思えて、なんで私はこうなんだろう、ダメなんだわとよけいに落ち込むのです。

私はイライラするお母さんを見ると安心します。全国を回って「子どもを見ているとイライラしますか？」って尋ねて手を挙げてもらうと、一番に手を挙げるのはお母さん、次お父さん、その次はおばあちゃんでおじいちゃん。一番最後まで挙げないのが先生。なぜかわかります？　私も教師をしていたのでわかるのです。保育士や先生ってこんなふうにインプットされているんです……教師というものは、保育士というものは、イライラしてはいけない、子どもの目線に立っておだやかに、子どもの言い分を聞いてやさしく、笑顔を絶やさず……できません、こんなこと！　保育士だって先生だって人間ですから。

小学校の先生だってそうですよ。一日中クラスの子どもたちにギャアギャア言って、やっぱり落ち込んでいます。おなじなのです。学校の先生が子どもを一番かわいいと思えるとき、いつでしょうか？　それは子どもが学校から帰るときです「先生、さようなら」と。そして、「あしたは絶対笑顔でやさしくなろう」と決意するのです。でも次の日またイライラしている自分がいる。先生がたも落ち込むのです。イライラする自分がダメ、私はダメ、だからなかなか手を挙げないのですね。大丈夫！　先生も順調です！　正直にお答えください。イライラすることはいけないことではないのですよ。

さあもう一度みなさんにお尋ねします。「子どもを見ているとイライラしますか？」はい、いま手を挙げたみなさん、順調です！

♠生きる力の基礎をつけるとき

私は安心しました。それはいま手を挙げたみなさんの前には、間違いなくみなさんをイライラさせる子ども、孫がいるということがわかったからです。親を、おとなを、保育士を、教師を、おじいちゃん、おばあちゃんをイライラさせる子どもたちは順調です。子どもたちは生きる力の基礎を身につけるときに間違いなく親を、おとなを、まわりを、イライラさせるのです。

じゃ、なぜイライラするのでしょ？　原因はたったひとつです。言うことをきかないからです。子どもが言うことをきいたらおとなは絶対イライラしませんよ。二四時間ずっと笑顔でいられるでしょうね。わが子、わが孫、まわりの子どもがこういう状態だったら……でも、言っておきますがこんな子はいませんよ。

たとえば、「こっち来なさい」子どもたちがさっと来る。「寝なさい」パタッと寝る。「起きなさい」ガバッと起きる。「ごはん食べなさい」パッと食べる。「学校に行きなさい」サッと行く。あっち行ってサッ、こっち来てサッという状態だったら誰もイライラしません。最高ですよこんな状態だったら。「おしっこ行きなさい！」サッと行く。もうおとなはニコニコです！

ところが現実はこうはいきません。順調に育っている子はこうです。「こっち来なさい」いやっ！「座りなさい」立ちます。「寝なさい」起きるのです。「起きなさい」寝てるんです。「勉強しなさい」した！　うそです、親は頭にくるんですよね。「ごはん食べなさい」あっちにぼろぼろ、こっちにぼろぼろこぼす。「走っちゃダメ‼」チョロチョロ走るんです。「ゲーム消しなさい」「あと五分」二時間はやります。小さいうちは「おしっこ行きなさい」って言ったら何て言いますか、必ず「ナアイ、ナアイ」としらをきりますよ最初は。「ホントにないわね、ホントね！」と言ったらジャー。もらします。頭にきますよね。でもこれが子どもたちなんです。

どうして子どもたちって悪いのでしょうか。子どもたちは生きる力の基礎を身につけるとき、やってはいけないことを全部やります。やってはいけないことをし、叱られて学んでいきます。いいことをして褒めてもらい、いいことを学んでいきます。

子どものやることに無駄はありません。全部生きる力につながるのです。10手のかかる子は10生きる力を身につける。20手のかかる子は20財産をもっている。じっとしていて何もしない子に、何を教えられますか。だから子どもは悪いことを片っぱしからやっていくのです。

たとえばお子さんが友だちに噛みついたら、みなさん褒めます？「いやー今日の歯形いいわー」って言います？　噛むから噛んじゃいけないということを教えるのですよね。おうちで「じいちゃん、うちのあの子に噛むことはわるいことだと教えて」。おじいちゃんは孫にわざわざ「はい、上の歯と下の歯をあわせてみ、歯形がつこうが。これが噛むことじゃ」と教えますか。子どもが噛んだときに噛んじゃいけないと教えますよね。

人をたたいたら褒めますか。ワァー今日のパンチオーケイ！　って言いますか。たたくからたたいちゃいけないと教えられる。人の物を取ったとき、褒めます？「今日の取りかた、なかなかいい」と言いませんよね。人の物を取ったら、取っちゃいけないと教えることができます。

順番を待つということ、ジャンケンをするという解決方法、お金を払って物を買うという社会的なルール、いろんなことを教えていきます。子どもたちはやってはいけないことをやってくれます。だからそのつど私たちはやっていいこと、悪いことを、褒めて、叱って、伝えていくということができるのです。

♠子どもにはとにかく言いつづけるしかない

子どもたちは手間ひまかけて大切に育ててほしいのです。子どもは大切に育てられるようになっているのです。手間ひまかけて大切に育てられた子は、自分も人も大切にします。粗末に育てられた子は、自分も人も粗末にします。私はそう思います。だから子どもたちは手間ひまかけられて育ててもらうために、悪いことをするのです。だからイライラする、だから順調なんですよ。

みなさん、子どもって一回言っただけではわかりませんよ。でも一回言ったらわかってほしいと思っているでしょ。だから子どもにこう言ってませんか「もう何回言ったらわかるの！」と。わからないのです、すぐ忘れるのです。「たしかきのう言った、さっきも言った、忘れたの？」完全に忘れているのです。だから何回も何回もくり返し言うのです。もうこれしかありません。

講演会で全国を回っているとお母さんたちが言います。「先生、ホントにいいんですか、朝から晩まで子どもにギャアギャア言っててホントにいいんですか。こんなわたしでいいんでしょうか」と悩んでいらっしゃるのです。この会場にもそう思っていらっしゃるお母さんはいませんか？　大丈夫です、どうぞ本能のままにお叱りください。なぜかと言うと、子どもには入っていませんから。母親が本能のままに言うこのギャアギャアを、子どもたちは聞いていません！　もし聞こうと全部頭に入れたらストレスがたまります。聞く・聞かない、聞く・聞かない、そういう能力を子どもたちはもっているのです。ただ私たちは聞こうが聞くまいが、わかろうがわかるまいが言いつづける。叱って、褒めて、伝えつづけるしかないのです。大丈夫、必ずいつかわかるときがきますから。

一歳未満のお子さんをおもちのかた、この会場にいらっしゃいますか？　本当に生まれて一一か月くらいまでの子どもは最高にかわいいですよね。どうしてあんなにかわいいんでしょうね、一一か月までは。そう、みなさんは答えがわかりますよね、「動かない」からですよ。

動きだすとイライラする。あのかわいい赤ちゃんが、やがてチョロチョロして目が離せない時期がくるのです。もう子どもをくくっておける紐がほしいと思いません？　あるんですよ紐が。ちょっと値が高い紐は背中部分のところに天使みたいな羽根がついてるんですよ。もっと値が高いのは紐が伸び縮みするのです。手許のボタンをピッと押したら紐が短くなってスルスルと。私は何度も見ました。

博多駅で見たこんな光景です。ホームで子どもがチョロチョロ、チョロチョロしているのです。私「あぶなーい！」と叫んだのですよ。もうこの年になったら恥ずかしいことはありませんから、大声を出しました。そしたらベンチに座っていた若いママが「あらうちの子よ」。知ってるママだったら注意をします。「手をつなぎなさい危ないから！」……と。でも知らないママでしょ。だから身体と表情と雰囲気で抗議したんです。こうやって目で抗議（プンプンの表情）したのです。効き目なし！　その若いママ、ピッと手許のどこかを押したら紐が短くなって子どもがスルスルっと引っ張られて戻ってきた。ちょっとびっくりしました。

ただ、私はこの紐を見たとき、いまの子育ての孤立化、地域のつながりのうすさを感じたのです。むかしは「おばちゃん、ちょっとこの子みてて！」「ああいいよ、行っといで」という状況がありました。いまは預かってくれる人がいないので連れていくしかない。連れて行ったらけがをさせてはいけない。でも私も楽をしたい、だから紐をつけた。いいえ、この時期はしっかり子どもと手をつないで危ないということを教えるときですね。とにかくちいちゃな子どもはチョロチョロと動き回ります。仕事ですから。

♠泣くことで信頼関係をつくっていく

みなさん、子どもたちはどの子もきっとこんなふうに思って生まれてくるのでしょうね。どんな状態であっても、どんな環境にあってもすべての子どもたちが「お父さん、お母さん、幸せになるね！」そう言って生まれてきているのではないかと思います。親を信じ、社会を信じ……。だから子どもは生まれたその瞬間から幸せになるためにがんばるのです。

おなかが空いた、おむつが濡れた、さみしい。そんなとき、赤ちゃんは泣くという行為を出します。みなさんも赤ちゃんが泣いたら、さっと行きませんでしたか。泣くという行為によって、大好きなおとなが来てくれて、自分にやさしく声をかけ、幸せな気持ちにしてくれる。こんなことをくり返しながら信頼関係を築き、成長していきます。10泣く子は10幸せになると私はそう思います。

若いママが言います。「先生、うちの子はどうして泣くんでしょう？　もうイライラしちゃう！」言えないから泣くのよ。あなたのことを信頼しているから泣くのですよ。あなたの子どもさん、お孫さんが、人を信じることができるのは、この信頼の基礎をもらったからですよ。たとえばこうです。ぼく泣いたら母さん来てくれた。わたし泣いたら父さん来てくれた。ぼく泣いたら父さん、母さん、来なかった、でもばあちゃん飛んで来てくれた。よくしゃべった、でもやさしかった。笑顔をいっぱいくれた。これで子どもたちは安心感というものをもらうのです。

子どもは、親やまわりのおとなにかまってもらって信頼関係をつくっていきます。この時期に虐待を受けていたり、放置されおとなが関わらなかったら、子どもたちはいくつになっても人を信じることをしません。だからみなさんの子どもさんが、いま人を信じることができるのは、人間の一番大事なその信頼関係の基礎を私たちはしっかり伝えていったからだと、自信をもってください。

みなさん、赤ちゃんやお子さんが泣いたとき、すぐに行って抱きましたよね。抱きぐせがつくと言われませんでしたか？　抱きぐせはつかなかったでしょう。だから安心してしっかりこの時期は抱いてあげてください。

私は、いま逆に抱かれる量が少ない子のほうが心配です。全国回っているとそういうことをすごく感じるのですよ。ずっと前にA県へ小学校の先生がたの研修会で講演したときのことです。六年生を担任している先生がこうおっしゃいました。「むかし担任していた子どもたちは、こんなにベタベタしていませんでした。しかしいまの六年生はホントにベタベタしてくるんです、異常なんでしょうか」。

いいえ、異常でもなんでもないですよ。子どもは抱かれる量、関わってもらう量が決まっているのです。だから抱かれる量が足りなかったら、関わってもらう量が足りなかったら、わずらわしさを出しながらもらおうとするのですよ。子どもは信頼しているおとなにわずらわしさを出してもらおうとする……。だから先生は信頼されているのですよ。どうぞ関わってあげてください、とそんなふうにお話をしたのです。

♠成長の階段を降りてきたら

子どもってすごいですね、抱かれる量、見てもらう量が決まっている。だからその量が足りないと、ありとあらゆる手段をとりながらもらおうとし、何歳になっても成長の階段を降りてきます。

みなさん思い出してください。下に弟、妹が生まれたとき、上の子が少し変わってきた。

そんな経験ありませんか？　たとえば赤ちゃんにおっぱい飲ませていると上の子がまとわりついてきたとか、もうおむつをしなくても一人でトイレに行けるのにおむつをすると言ってみたり、ごはんを食べられるのに哺乳瓶でミルクを飲むと言ってみたり。歩けるのに、だっこだっことダダをこねる。

とくに赤ちゃんにおっぱいを飲ませているときに、上の子はまとわりつくのです。チャンスをねらっているのです。すごいですね。でもお母さんはイライラし、肩に手をかけた子どもの手を無意識のうちにはがしたでしょ。「ほらほらもうあっちに行ってなさい、あっちに。あとで抱いてあげるから」。だいたい親は忘れてしまうのです。

夜になってその子の寝顔を見て「なんであのときにだっこをしてやらなかったのかしら」と親は思って反省するのです。でも大丈夫ですよ。

よく親は子どもを愛している、といいます。子どもだって親を愛しているのですよ。親以上に愛しているかもしれません。子どもは腕をはがされても親を恨んでいません。こんなふうに思っているのではないでしょうか。子どもって前向きですよ、ステキですよ。腕をはがされながらどう思っているか「父さん、母さん、ぼくね、下が生まれてなかったらもっとベタベタしたかったんだよ。抱いてほしかったんだよ。もっと見てほしかったんだよ、でも下が生まれたから我慢したんだ。だけどぼくの体のタンクの中に〝好き好き〟が足りない。〝ベタベタ〟が足りない。いま階段を降りなければ次のステップに行けないの。

だから大好きな母さん、父さんにわずらわしさをたっぷり出すから受けてね、気づいてねっと言っているのです。

子どもはステキですね、親はそんなことに気づかないでくっついた腕をはがしてばかりいる。子どもはそこで考えます「肩がダメか。じゃ今度は腰だ。よしっこれでいってみよう」と……。腰にくらいついていく。それでもダメなら親の次に好きな人のところに行きます。そうおばあちゃんです。ばあちゃんごめんね、父ちゃんも母ちゃんも忙しくて余裕がない。だから次の次に好きなばあちゃんのところに来たんだ。でもばあちゃんもカラオケやなんかで毎日出かけて忙しい。いつも留守なんだよ。だから次は一番暇そうな次に好きなじいちゃんのところに行く。

それでもダメなら子どもはどこに行くのでしょう。そうです、保育園、幼稚園、学校の先生のところに行くのです。先生ごめん、うちはおとなの数はそろっているけど、みんな余裕がないんだ。ぼくのサインに気づかない。みんな忙しいんだ、だから次の次に好きな先生のところに行くよ、見てね。

こうやって子どもは信頼できるおとなのところにわずらわしさを出しながら関わってもらおうとするのです。

♠おとなになっても階段を降りてくる

「先生、抱かれる量が少ないといくつになるまで降りてくるのでしょうか?」

いや、いくつになるかわかりません。私が知っているのは、二八歳になる息子さんが階段を降りてきたっていう話があります。九州のあるセンターで話をしたときのことです。講演が終わってから七〇歳代の女性が私にこう言いました。

「先生、今日お話を聞いて本当にスッキリしました」どうしたのですか。「うちの息子も抱かれる量が少なくて帰ってきました、あのときが帰ってきたときだと思います」おいくつで帰ってきましたか? 小学生かと思ったのですが、その息子さんは二八歳でした。二八歳でどうやって帰ってきたかを訊きました。

「わたしは一人で三人の息子を育てました。長男は厳しく育てました。下の二人は甘え上手でした。そんなことで、上の子を抱いていない、甘えさせていない、やさしくしていないとずっと悔やんでいました。ずっと長男のことが気がかりでした。いつかいつかと思っていたら、大学を卒業して結婚を明日に控えて家に戻ってきたときのことでした。帰ってきたのです、もらってないものをもらいに。結婚式の前の日に」

どんなふうにして帰ってきたのですか？　と尋ねました。そのお母さんが居間でテレビを見ていたら、息子さんが入ってきたそうです。あしたの結婚式の引き出物は大丈夫かなとか、タクシーの手配はいいのかなと言うのです。そんな打ち合わせはもう済んでいましたから「さっき話したから大丈夫、安心して寝なさい」と言いました。息子さんがわかったと言って部屋を出て行き、しばらくしたら戻ってきたそうです。次にどうしたかというと、お母さんの横に座って自分の頭を母親の膝の上に置いたそうです。膝枕のように。「先生、無意識のうちにわたしは気がついたら息子の顔と頭をなでていたんです」。この子を抱いていなかったというのを思い出してさわりまくったそうです。「今日しかない、今日しかない」と。明日は嫁のもんだと思ったのでしょうね。息子さんはえへへへと照れ笑いをして部屋を出て行ったそうです。「先生、あれは息子が一瞬にしてもらってないものをもらいに帰ってきて、わたしとの絆をしっかり結んで巣立っていったということなんですね。あの子はわたしを恨んでいませんよね、あれでいいんですよね」いいんですよ、それでいいんですよと私は答えました。

♠「もらう量」が減ったということ

次にみなさんにお尋ねします。ご自分のお子さん、お孫さんの笑顔はステキ、かわいいと思うかた、手を挙げてください。全員挙げましょう！　ほんとにねえ、どうしてあんなにかわいいんでしょうね。

それは子どもたちが小さいとき、みなさんから笑顔をもらっただけではありませんよ、スーパーに行ったとき、全然知らないおばちゃんがわが子に笑顔をくれましたね。思いきりニコッーと笑って「ウ〜ン」ってね。ありがたかったですね。あれタダですよ、タダ。いまはあなたがお返ししていませんか？　スーパーに行ったとき知らない赤ちゃんを見て「ウ〜ン」って思い切り笑顔をあげるでしょ。あの子たちは笑顔をもらうのが仕事なのです。土台をつくっているのです。だからあんなにかわいいんですよ。

むかしの子は笑顔がよかった、いまの子は笑顔が少ない、笑わないとよく言います。むかしの子は挨拶をよくした、いまの子は挨拶をしない。むかしの子はやさしかった、いまの子はやさしくない……いいえ、むかしもいまも変わりません。いつの時代も子どもたちはステキです。変わったのは「もらう量」ではないでしょうか。

思い出してください。むかし、子どもたちのまわりには、物はなかったけれど人がいました。いまは物が溢れていますが人との関わりが少なくなった。人は人の中でしか育たないと私は思っています。たくさん笑顔をもらった子はたくさんの笑顔が出せるのです。笑顔をもらわない子がどうして笑顔を出せますか？　やさしさをもらってない子がどうして人にやさしさを出せますか？　挨拶をもらっていない子が、どうして挨拶できるでしょうか。人はもらったものしか出せないのです。だからもし、おじいちゃんやおばあちゃん、おじちゃん、おばちゃんが子どものまわりにいたら、その存在は子どもにとってお金に代えられない財産だと思います。その数が多ければ多いほど子どもの財産は増えるのです。

♠いい意味での無責任さも必要

講演で全国回ると、若いお母さんはこう言います「先生、もうじいちゃんばあちゃんは孫に甘くて何でもかんでも買うの、許すの、しつけにならなくて困るわ！」と。あのね、おじいちゃんおばあちゃんはそれでいいのよ、親は責任があるからどうしても厳しくなりますよ。たとえば甘いものを食べさせてはダメと言われたら、欲しがるわが子にダメよダメ、甘いものはダメ！　と言います。ではおじいちゃん、おばあちゃんはどうするか。そっと自分の部屋に孫を呼ぶのです。そして「これ食べなさい」と上げてしまう。だからしつけにならないと親は怒りますね。嫁・姑の問題はいろいろあります。でも子どもにとってはおじいちゃん、おばあちゃんの存在は財産ですね。

どうしておじいちゃん、おばあちゃんがこんなにやさしくおだやかなのか。当たり前です。おじいちゃん、おばあちゃん、おじちゃん、おばちゃんはいい意味でのステキな意味での無責任さがあります。これがやさしさ、笑顔に変わるのです。こういうおとなたちの存在が子どもには絶対に必要です。

たとえば、子どもがお母さんに叱られます。おじいちゃんおばあちゃんのところに行きます。おばあちゃんはきっとこう言うでしょうね「あんたまた叱られたの、あんたが悪いからだよ、父さん母さんはあんたのことが好きだから叱るんだよ。さ、謝っておいで、ホラ一緒について行ってあげるから」。ステキですね、こう言ってくれる人が必要なのですよ。いい意味での無責任さがありますから、言えるのです。

みなさんにもこの、いい意味でのステキな意味での無責任さがあることを知っていますか。たとえば、横の子のお母さんが子どもを叱っています。それを見ていて「いいのよ、この時期はこれくらい悪いほうが。きっと大物になるわよ」と言える。横の子だからやさしくなれるのです。でもわが子がおなじことをしたらギャアギャア怒るのです。みなさんも経験あるでしょ⁉

みなさんはスーパーに子どもを連れて行きたいですか。いいえ、連れて行きたくないですよね。家に夫がいるときにそっとスーパーに行こうとしますが、なぜか子どもは察知するのです「どこに行く?」って。それで「連れて行って!」「いや留守番してなさい!」「連れて行け!」「連れて行かない!」ギャアギャア二人がバトルをしていると、テレビを見ていた夫がひとこと「うるさい!　連れて行け」。

車の中でもしつこく「いいね、今日は何も買わないからね!」親は子どもに言いふくめる。子どもも何も買わなくていいと言います。親は信じるのです、子どもの言葉を。でも知っていますか、子どもはスーパーに行ったらみ〜んな忘れるのです。スーパーに着いたらお菓子売り場に直行です。みなさんも今日帰りにスーパーに行ったらお菓子売り場に寄ってみてください。親子の修羅場がありますから。とくに年長クラスくらいの男の子とお母さんのギャアギャア言いながらやりあっているのを見ていると、ホントにおもしろいです。信頼関係があるからギャアギャア言いあえる。この親子は順調!　順調!　って私はいつも思って見ています。

この前、五歳くらいの男の子がお母さんとバトルをやってました。「これ買って、買って！」「この前買ったでしょ！」「もう食べた！」「あんたが早く食べるからよ」買ったら食べますよねえ。そうしたらその子はよせばいいのにポケットから一〇〇円玉を出したんですよ、たぶんおじいちゃんかおばあちゃんにもらったんでしょうね。「オレの金で買う！」「あんたの金はお母さんの金！」と言ってパッと取った。「返せ！」「ダメ！」「返せ！」「ダメ！」とまたギャアギャアやってます。順調、順調！　そこにベビーカーに乗った赤ちゃんが通りかかった。そしたらギャアギャアわめいていたそのお母さんが赤ちゃんを見た途端「ウ〜ン」ってニコッと赤ちゃんに微笑みかけました。それを見た男の子「なーんでこんなにちがう！」呆気にとられた顔をしていました。

みなさんいいですか。このお母さんはステキだと思いませんか。どんな状況にあっても、わが子には厳しさを、赤ちゃんには笑顔を出している。若いお母さんお父さんの笑顔はステキ。でもそれ以上におじちゃん、おばちゃん、おじいちゃん、おばあちゃんの笑顔はゆたかです。ステキです。みなさんの笑顔は最高！　損得抜きで出せますもん。人生のゆたかさが笑顔に出ていますから。どうかみなさん、どこの赤ちゃんにもたっぷりの笑顔を惜しみなくあげてください。みなさんの笑顔は財産です。

これ買って
ダメっ この前買ったばかりでしょっ
もう食べた！
食べたあんたが悪い！
じゃっ オレの金で買う！
あんたの金は、お母さんの金!!
じいちゃんにもらった100円玉
バッ
パッ
ゴツ
オレの金返せ！
ダメ！
返せ!!
ダメ!!
ギャア ギャア
カラ カラ カラ…
う〜ん
スマイル！
クルッ
さっきまで鬼ババだったかあちゃんが…ぼ〜ぜん

♠子どもたちの「育ち」の仕事

泣いて、抱かれて、笑顔をもらい、土台をつくった子どもたちは、次に成長のための仕事を始めます。

これから「子どもたちの仕事」について考えてみましょう。子どもたちはまず口を使います。なんでもかんでも口に入れます。これはいやしいからではありません。次の成長の準備をしているのです。甘い、からい、やわらかい、かたい、食べる、食べられない……。そして舌を使い、しゃべる準備をしているのでしょうね。「あっこれは食べちゃダメ！　バッチイ、バッチイ」「そうおいしいのねー」……なんてまわりのおとなたちに伝えてもらいながら……。

口の仕事が終わると次は指です。とにかく何でもかんでもつまみだします。ティッシュペーパーの箱があれば次々に出します。穴があると指をつっこみますし、紐があったら引っぱります。洗濯ものはちらかすし、引き出しの中のものはバラバラにします。おじいちゃんがうっかりお財布を置いといた。孫ちゃんが中のものを全部出してしまいます。一万円札はおばあちゃんがさっと取ったりして（これは冗談ですが）。

たとえばティッシュペーパーを出している子に「あらー今日の出しかたいいわー」って褒めます？　ダメって言いますよね、いけないことはいけないって言いますね。でも、最近の若いママのなかには、子どもを叱っちゃいけないと思っているママが増えてきたように思います。

先日、ある町で若いママたちに話をする機会がありました。このティッシュペーパーの話をして「いけないことはいけないって叱っていいのですよ」って言いましたら、一番前に座っていたママがいきなり質問しました。「先生」（ええっ、このママ空気読んでないな、質問は話が終わってからしてほしいなと思ったんですが）なあに？「先生、子どもはダメって言っちゃいけない、叱っちゃいけないんですよ。先生、子どもは褒めて育てるんですよ」。私にこう言うのです。一瞬「はぁ？」と思ったのですが、誰がそんなふうに言ったの？「本に書いてありました」。育児書ですね。

そうね、褒めることはとても大事。でも叱ることも大事なのよ。子どもたちは何がいいか、何が悪いかわからないの。叱るということは、やってはいけないことを伝えていくことなの。褒めるということは、いいことを伝えていく。叱る、褒めるは、生きかたを伝えていくことなのよ。叱るというのは、怒るのとはちがうの。「ダメ！」これは怒ること。「ダメ！　あれは危ないからやっちゃいけないのよ！」これが叱ることよ。でも、子どもは一回言っただけではわからないから、何度も何度も叱って、褒めて、伝えていくのよ。いつか必ずわかるときが来るから。でもこれは、おじいちゃんやおばあちゃん、おじちゃん、おばちゃん、先生たちにも手伝ってもらいましょう。ママひとりでは無理よ、いろんな人に伝えてもらいましょう。とその若いママに言いましたら「はあい！」って元気に笑って返事していました。育児書はどうしたんでしょうね。

でも子どもっていくらダメって言っても、隠しても、他のものを見つけて引っぱり出します。仕事ですから。

そして、指の仕事が終わると次は足です。とにかく子どもたちは動きます。チョロチョロします、走ります。走るだけじゃなく跳びます。「もう○○ちゃん、落ち着きがないわね、お父さんに似て！」。いいえ、これはパパに似てるのではなく、この時期の子どもの仕事です。

私は全国の保育園や幼稚園にも行って話をしますが、そこでも先生たちは必ず子どもたちにこう言ってます「ゆっくり、歩きなさい、走らないのよ。歩きなさい！」全員走ってます、そう言いながら先生も走っています。先生も子どもたちも順調ですよ。

「先生、いつまでこのチョロチョロつづきますか」だいたい小学校四年生くらいまではつづいているようですね。五年生くらいからだんだん落ち着いてきます。中学生になるとすっかり落ち着いて、（いや、中学生でもチョロチョロしている子、いたっけ）今度はいくら言っても動かなくなりますから。安心してください。

中学生になるとおもしろいですよ。学校でマイク持って号令をかけるのはだいたい男の先生でスーツを着ていませんね、黒っぽいジャージの上下を着ています。みんな雰囲気似てますよ。部屋の真ん中に立たずに端っこに立っていますが、まっすぐ立っていません。斜めにかまえます。幼稚園や保育園の先生と逆のことを言います。幼稚園の先生は「歩いて、ゆっくり歩くのよ」、中学の先生は「走れ！　急げ！」とね、ステキでしょ。「走れーっ!!」のひとことで、中学生が走ると思いますか。いいえ、全国共通です、ふんぞり返って歩いています。中学の先生はマイクを持って「すわれー！」バラバラです。先生はがんばるのですよ「やりなおし、立て！　すわれー！」私、その先生に言いたいんです、無駄です！（笑）。

でも先生もステキですよ、がんばります。だいたい三回やって「よーし！」ってまとめをします。生徒たちの状況はまったく変わっていませんが。そんな彼らに言いたくなります、「チョロチョロが出たから落ち着きが入ってきたのよ、君たちはこれからよ、理性を働かせ、急ぐ・ゆっくりを学ぶ。これからだからね、がんばるのよ」。みんな「ハイ！」と応えます。「君たち、みんな順調よ！」

♠おとなの真似をして基礎をつくっていく

○歳、一歳は人間の基礎をつくります。二、三歳から一○歳、このあたりまでで価値観、しつけ、生きかたの基礎を学んでいきます。ですからやってはいけないことをやって叱ってもらって、何がいいか悪いかを学んでいきます。いいことをして褒めてもらい、いいことを学んでいきます。

じゃ、うちの子は何をめやすに、何をしつけの基礎にしているのでしょうか？　どうやって基礎を学んでいるのでしょうか？　これはとても簡単なことです。しつけ、価値観、生きかたは身近にいる、信頼できるおとなの真似をしながら学んでいくのです。

わかりやすいですよ。女の子をおもちのお母さん、もう誰かにそっくりです！　お父さんに命令する言いかた。下の子に指図する言いかた。ときどきハッとします。「もう誰に似たの？」あなたですよ、お母さん！　じゃ私たちは気をつけてちゃんとしていなきゃいけない。いいえ、どんなにちゃんとしていても、子どもたちは真似をしてくれます。それはお父さん、お母さんが大好きだからです。先生の真似だってします。とくに幼稚園・保育園・小学校の低学年。なぜなのか、それは子どもたちは先生が大好きだから。当たり前のことですね。

「真似をして学ぶ」。子どもたちは親だけではありませんよ。おじいちゃん、おばあちゃんの真似だってします。

この前、私はある幼稚園に行って、子どもたちに指先の訓練をするのにしっしゅう針を持たせました。みんなは針を持って待っていましたが、その子は針を渡した瞬間、針を髪の毛にシュッシュッとやりました（針のすべりがよくなるように）。その子、ひいばあちゃんと一緒に暮らしている子です、その子だけでした。あのしぐさ、見ているのですね、おばあちゃんを……。

ある四歳児の男の子は、クラスのみんなに折り紙を配るのに一枚一枚ツバつけて配るのですよ。あとで担任の先生に聞いたら、やっぱりおじいちゃんと暮らしている子でした。見ているのですね、おじいちゃんを……。

私は幼稚園の教諭を長いあいだしていました。子どもたちにテーブルを拭かせるとおもしろかったですよ。サッと拭くお母さん、子どももサッと拭きます。ま～るく拭くお母さん、子どももテーブルをま～るく拭いています。脱いだものをほっぽってるおうち、心配要りません、幼稚園でも着替えたものをほっぽってますから。

じゃ、このうちがよくて、このうちが悪いのか。いいえ、しつけの基礎はもちろん家庭です。お母さん、お父さんの真似をして基礎を学んでいるのですから。でも私はホントの意味でのしつけはちがうと思うのです。ホントのしつけは「関わったすべてのおとなが叱って褒めて伝えていく」、これがほんとのしつけではないかと思います。

♠自分の子を叱るように、よその子を叱る

テレビを見ていると、よくコメンテーターのかたがこう言ってます「いまの家庭はダメだ、親がダメだ、だから子どもがなってない。しつけも考えかたも社会のルールも親が教えていないから、いまの子はダメなんだ」と。私、そのかたに言いたいのです、あなたの怠慢でもあるのですよと。子どものしつけ、価値観を育てていくのは親だけでは絶対無理です。関わったすべてのおとなが叱って褒めて子どもに伝えていく。これが私は本当のしつけだと思っています。保育園に行く、幼稚園に行く、学校に行く、先生が叱って褒めて伝えてくれる。おじいちゃん、おばあちゃん、おじちゃん、おばちゃんが叱って褒めて、

伝えてくれる。

むかしの子どもたちは社会のルールを早く身につけた、だけどいまの子はダメだと言う。いいえ、さっきも言ったように、子どもはむかしもいまも変わらないのです。それじゃみなさんが社会のルール、常識を早く、しっかりと身につけたのはどうしてでしょう？それは、むかしは子どものまわりに、何がいいのか悪いのかを叱って褒めて伝えてくれるお節介おじちゃんやおばちゃんがたくさんいました。いまはいなくなった。だから私たちがお節介おばちゃん、おじちゃんにならないといけないのです。

若いかたからこんな質問が出ました。「でも先生、うちの子、いつもあの人から、あの先生から叱られてばっかり。何かわたしの子育てを非難されているみたいで……」。私は答えます。よかったわねー、ありがたいわねー。言ってもらいなさい、叱ってもらいなさい。子どもはね、親の見ていないところでいろんなことをやるのよ、悪いこともやるの。そんなときに叱ってくれる人がいたらありがたいじゃない。その代わり、あなたも横の子を叱って、褒めて、伝えていく……。子どもはいろんな人に関わってもらって、いろんなことを学んでいくのだから。そんなふうに伝えました。

自分の子を褒めるようによその子も褒めましょう。自分の子を叱るように、よその子も叱っていける、そんな関係をつくっていきましょう。

私は若いお母さんたちにこう言っています「地域の行事に積極的に参加しましょう。そうしたら顔をちゃんと覚えてくれて、声もかけてくれるようになるのです。地域のおじちゃん、おばちゃんと仲良くなりなさい。それがやがてあなたの財産になるから」と。

♠子どもはホントによく見ている

子どもは身近にいるおとなの真似をして学んでいくと言いました。それだけではありません。子どもはホントによく見ています、聞いています、そして自分が愛されているかどうかを感じとっています。子どもってすごいですね。

子どもは自分の家庭のことを幼稚園でみんな暴露してしまいます。ことに月曜日は楽しいですよ！　朝、子どもの手をひいて幼稚園の玄関に来たお母さん、「よろしくお願いします」と出て行きます。子どもは親の姿が見えなくなると、待ちきれないように重大ニュースを発表します。「せんせい、パパとママけんかした」そうなの「ママ泣いた」まあ、そう！全部しゃべります。午後お母さんが迎えにきます「ありがとうございました」（まあ、お母さんゆうべけんかしたんだって、大変だったわねえ）と声に出そうになるのを我慢します。

みなさんがうちでやっているのとおなじことを子どもは園でやります。とくにままごとあそびは最高ですね。ある女の子はおもしろかったですよ、庭に出て草をパアッと取ってきて、まな板でトントントンと包丁で切る身ぶりをします。（ああ、こんなふうに朝ごはんのしたくをするのね）と見ていました。お母さんがやるとおりのことをして見せてくれます。手はタオルで拭きません。腰のところに手をこすりつけて拭いています。きっとエプロンの端っこで拭いているのでしょうね。

朝、自分が家で言われたとおりのことを、ままごとあそびの家族に言っています。こんなお母さんの姿もあります。「早く食べなさい、早くしなさい、残しちゃダメ！　こぼしちゃダメ！　早く準備しなさい！」……こんなことできません！　でもいいのです、このうちは朝ごはんをちゃんと食べてますから。

もっとステキだったのは、子どもたちが家を出て行くとき、このお母さんはみんなに笑顔で手を振って見送っていました。朝は修羅場。どの家庭もギャーギャーワーワー。でも子どもを送り出すときは笑顔で。この笑顔で子どもの気持ちはスッキリ！　園に行けば先生の笑顔で子どもはもっとスッキリ。笑顔はこれだけの力があるのです。

お父さんはリュックを背負って家から出て行きました。でもすぐに帰ってきました。ままごとだからいいんですよ、現実ならすぐ帰ってきたら困るんですけどね。

今日は一本だけよ！
はい
ドン！

晩ごはんが始まりました。そんななかでも子どもたちは愛されているかどうかわかるのです、確かめています。「たくさん食べるのよ、たくさん食べたら大きくなるのよ、早く大きくなってね」。自分が母親に言われてうれしかったんでしょうね。ままごとで子どもに言ってました。「これを食べたらお肌つやつや、これを食べたら髪の毛ふさふさ、これを食べたら元気になる、病気になったら薬代高いからね」なんてこともついでに言います。ホントによく見て、聞いていますよ。

ある女の子です。ジュースの空き缶をパッと持ってきてお父さん役の男の子の前にバーンと置きました。ひとこと厳しい口調でこう言ったんです「今日は一本だけよ!」。これはビールなんですね。ビールがいい悪いということではなくて、子どもはここまで見ているんですよ。真似をするんですよ。

♠子どもは完璧な親を望んでいない

お母さんは、「じゃわたしは完璧にならなくちゃいけませんね、子どもが真似をするのなら」と言います。いいえ、子どもは立派で完璧な親なんか求めていませんよ。子どもは親が完璧で立派だときついのですよ、自分をそれに合わせなくちゃいけませんから。父さん母さん、ぼくホントはそんないい子じゃない、悪い子なんだ。でも父さん、母さんはいい子でがんばれって言ったよ。ぼくがんばった。でももういい子に疲れたよ。ホントのぼくを見て。いけないぼくを叱って。でも叱ったぼくも愛して！　これが子どもたちですよ。

子どもが求めている親は完璧な親ではありません。自分のことを本当に愛してくれる、叱ってくれる、抱いてくれる、関わってくれる、支え、伝えてくれる、そんな親を求めているのです。守ってくれる、信じてくれる親なんです。

私は親というものは少し抜けているくらいのほうがいいと思っています。その抜けているところ、足りないところを補ってくれる人がいればいい。それがおじいちゃんであり、おばあちゃんであり、地域のおじちゃん、おばちゃんであり、学校の先生であったりするのです。自分の足りないところは、遠慮しないでほかからもらったらいいのです。そして余っているものがあれば、横の人にあげてください。

むかしの親は立派だった、しっかりしていたと言います。いいえ、むかしの親のほうがラクだったような気がします。なぜか。それはまわりに支えてくれる人がたくさんいたからです。いま、そういう人が少なくなった。だから私たちがそうならなければいけないのです。そうしたら、いまの若い人たちが私たちの年代になったとき、おなじように次の世代に伝え、支えていくだろうと思います。

できることをできるところからやっていく、これが私は本当の子育てなのかなと思っています。

♠親にだってごほうび

子どもたちってなんてステキなんでしょうね！

子どもっていうのは広い場所に放す、いえいえ〝放す〟ではなくて〝遊ばせる〟とおもしろいですね。園庭でも中のホールでも、必ず時計と反対回りにパアッーと走り回り、次に逆回り。それもキャアキャア言いながらスピードを出して。次に高いところがあれば登ります、登ったら飛び降ります。穴があったら必ず指を突っ込みます。カーテンがあったらすぐ中に入ってくるくる回ります。紐があったら引っぱります。とにかくチョロチョロして何か仕事をやっています。じっとなんかしていません。

そうやって遊んでいる子どものそばにいるお母さんを見ると、その子が第一子か第二子か第三子なのか私はすぐわかります。これは絶対当たります。お母さん、とにかく第一子のときは何をしても心配ではありませんでしたか？　背後霊のようにつきまとっていませんでしたか。幼稚園に行っても心配、小学校に行っても心配、中学高校に行っても心配、大学も心配。就職しても結婚しても心配だったでしょう？　でも安心してください、第二子、第三子はあっという間に高校生。一人目が不安で神経質になった分、今度は親に「手抜き」というごほうびが出るのです。

冷蔵庫のものだって、第一子は「お母さん、これ食べていい？」と聞きます。でも第二子、第三子は訊きません、黙って開けて取って食べてしまいます。

写真だってそうでしょ⁉　第一子のときは、笑った泣いた、寝返りした、歩いた、とそのたびにパチパチパチと大量に写真を撮りましたね。アルバムに貼るときだって、ちょっとメモを書き添えましたよ「○○ちゃん、かわいい笑顔がステキ！」「歩けるようになりました！」とか。おまけに♡マークまでつけちゃって！

でも第二子、第三子のときはちがいましたよ。彼らには一人で写っている写真がない。いつも兄ちゃん姉ちゃんと一緒です。しかも撮った写真は整理しないでそのまま箱の中にポンと入れて放ったまま。小学校で「みなさんの赤ちゃんのときの写真を持ってきてね」と先生に言われて帰ってきた子どもに、母親が「うーん、あんたの赤ちゃんのときの写真はどこにあるかわからん。これかしら、まあいい。この写真を持って行きなさい」なんて言われる。これくらい第一子と二子・三子は違うのです。

それから、第一子と第二子・第三子では、寝かせかたもちがったでしょ？　第一子のときは「やっと寝たわ」と戸をそおっと閉めて、歩くときもそっと歩いたでしょ。電話がなった、あわててサッと取りました。しゃべるときの声もヒソヒソと話していましたね。テレビの音だって小さくして聞いていたのではなかったでしょうか。それくらい気を遣って育てたでしょ、繊細に育つはずですよ。

第三子のときはどうでしたか。寝ている赤ちゃんのそばで掃除機をかけてませんでしたか。全然平気だったでしょ。泣いても第一子のときのように、すぐ飛んでいきませんよ「ちょっと待っとってね」。こうだったでしょ。

ミルクの上げかた、どうでした？　第一子のときは哺乳瓶をしっかり熱湯消毒して、まだ熱くないか大丈夫かと何度も味見をしてから赤ちゃんに飲ませたでしょ。第二子は消毒もしないで哺乳瓶をパッと水道水で洗って手でパパッと拭いて「はい！」と飲ませた。ところが第三子はさっき飲ませた哺乳瓶が部屋に転がっていても平気。洗いもせず拭きもせず、お母さんは自分で哺乳瓶を二口くらい吸って「はい大丈夫！」で終わりです。これほどちがうのです。みなさん、経験ありますでしょ！

第一子も第二子も第三子もみんなステキです。どの子も順調！

♠必ずわかるときがくる！

「先生、子育ての結果はいつ出るんでしょうね、一〇年後ですか一五年後ですか？」いいえ私は二〇年後だと思います。ああ父さんが言ってたのはこのことだったのか。母さんが言ってたのは……おばあちゃんが、おじいちゃんが、先生が……このことだったのかと。必ず自分でわかるときがきます。「親の気持ちがわからないの！」わかりません、親になっていないのですから……。

私は自宅でピアノ教室を開いています。習いに来ている女の子のお兄ちゃんが中学三年になったとき、暴れて、すごかったのです。高校三年間はもっとすごかったのです。だからお母さんが毎日、「先生どうしたらいいんでしょう」と悩んでうちに来ました。「いい！大丈夫！　弁当作って送り出しなさい」と私は言いました。「ギャアギャア言ってもいいから本音でぶつかりなさい。彼はそれを求めているのだから」と言いました。この子が「お母さん、見て見て」と言っているのがわかりましたから、そう言いました。お母さんは三年間、この子とバトルをくり返しながら毎日お弁当を作って送り出しました。もちろんギャアギャア言いながら。四年間、大学で家を離れました。そのときはもうホッとした、とお母さんが言ってましたよ。

大学の四年間を卒業して就職が決まって、家を出るという前の日にその子がお母さんにこう言ったそうです。お母さんがうれしそうに私に報告してくれました。

お茶碗を洗っているお母さんの肩をその子が後ろからもみながら、ふざけながら言ったそうです「おふくろさあ」「なによ、気持ち悪いわね」「あんときありがとうな。オレ、モヤモヤしてて、誰に何を言っていいのかわからなかったので、おふくろにぶつかった。おふくろはギャアギャア言いながら毎日弁当作ってくれた。オレが遅く帰ったとき待っててくれた。オレが学校から呼び出しくったとき、おやじとおふくろはひとことだけ言った『あんたを信じてる』。本当にうれしかった」

「オレがおやじと大げんかして飛び出したとき、おやじとおふくろは寝ないで探してくれた。まさかオレのために寝ないで探してくれると思わなかった。オレが家に戻ったとき、おやじになぐられると思ったらおやじは泣きながら『おかえり』って言ってくれた。おふくろはオレにしがみついた。オレは手をはがした。でも本当はあんとき、うれしかったんだぜ。あんときありがとうと言いたかったけど言えなかった。でも今日言っておかないと悔いが残りそうだから、おふくろに言うからな」

ふざけながらですけどね。お茶碗洗っているお母さんの肩をもみながら「おふくろ元気でな、病気するなよ」「おやじと仲良くしろよ」と言ったんですって。（その家は本当に仲が悪いのです）

「先生が言ったとおりですね。子どもは必ずわかるときがくるんですね」。そうです、わかるときが必ずくるんです。だからそれを信じて、できることをできるところからやっていき、手をつないでいろんな人の手を借りましょうよ。それはいけないことでもなんでもないのですから。子どもたちは親だけでなく、たくさんの人に関わってもらい、関わってもらった分だけゆたかになるのですから。

♠そのとき、おとながてきること

子どもは一段一段、階段を上って成長していきますが、その過程でもらっていないものがあったらもらいに階段を降りてくると、さっきも話しました。

私はたくさんの子どもたちと関わり、経験していますからわかります。たとえば、リストカット（自分自身を傷つけること）で降りてくる子、不登校で降りてくる子、摂食障害で降りてくる子などいろんな行動があります。それらは子どもにとっては意味のあることで、無駄なことは何一つありません。私はそう思います。

私がいま思い出しても一番わかりやすかった男の子、もう大学を卒業しましたが、小学校一年生でもらっていないものをもらいに降りてきました。彼が二歳のとき、下の子が生まれたのです。病弱だったのでお母さんが下の子を見て、上の子をおばあちゃんが見ていました。おばあちゃんはいつも私に言ってました。「先生この子はいい子ですよ」って。おばあちゃんにとってはつごうのいい子だったんです。おばあちゃん、お母さんに心配かけてはいけないから、いい子にしていたんですね。あの小さい子が健気ですよね、お母さん、おばあちゃんに心配かけてはいけないと思ったんでしょうね。

小学校一年に入ってそろそろ成長の階段を降りてくるころだったのでしょうね、すごい状況でした。暴れて物は投げるし、いっさい笑わなくなりました。それでお母さんが私のピアノ教室に通わせたいって言って来たのです。ピアノ弾かなくていいからここに来させたいって。ピアノを弾かずに何やるんだろうと思っていましたけどね。

忘れもしません。初日、その子が母親に連れられて来ました。ピアノ弾こうね、おいで

「いやっ！」。かわいいでしょ。ピアノ弾こうねとやさしく言うと「死んでも弾くか！」と反抗しました。

私が気づいたことがありました。お母さんが下の子を連れて彼を迎えに来ると暴れるのです。それで「お母さん、悪いけど来週は下の子を預けてお母さんひとりで迎えに来て。この子ね、成長の二段目の階段を踏みに降りてきたんだから、ひとりで迎えに来てやって」と言いました。

次の週、お母さんがひとりで迎えに来ました。いまでも忘れません。彼はふてくされてお母さんにひとこと「だっこ！」。お母さんムカッとして「だっこなんかおかしい。歩きなさい、先生に笑われるよ」私、笑いませんよ。抱いてやって。「だっこしてあげてお母さん」。お母さんは彼をだっこしました。お母さんは小柄なんですけど彼は大きいので足がつく。それでおんぶしました。この子をおんぶしたらお母さんは彼の表情が見えないでしょ、彼はおんぶされたまま振り返って，私にうれしそうに手を振りました「先生、見て見て。母さんぼくのこと忘れてないよ。ぼくのこと好きなんだよ、先生見て！」って言いたかったのでしょうね。

次の週、どう変わったか。お母さんがいるときは相変わらずふてくされた態度をとって腹が立つんですが、お母さんがいなくなると「先生、お母さんあと何分したら来るの」あんた、いま来たばっかりじゃない。「先生、あと何回弾いたら母さん来る?」あと一〇回！

そう言いながら待つのですよ。それでお母さんが迎えに来ると自分が待っていたことは親に見せないで「おんぶ」「だっこ」、「おんぶ」「だっこ」と要求しました。これが三年間つづきました。三年間、お母さんは彼をおんぶしたのですよ。一週間に一回。それが彼の抱かれるという二段目の階段を踏むことだったのですね。

一年間たって、お母さん疲れて不安になったみたいで、おんぶしながら不服そうに私を見上げて「先生、本当にいつか来るんでしょうね！」と聞きましたよ。来なかったらどうしようかと私も思ったくらいでした。

来ました、三年たって。彼はお母さんにこう言ったそうです「母さん、熊丸先生みたいになって」って。「お母さんは熊丸先生にはなれないよ。それは無理よ、お母さんは熊丸先生のようにぺらぺらしゃべれないし、ピアノも弾けないし、歌だってあんなに歌えないよ」「ちがう、ぼくの姿が見えなくなるまで手を振って」。

私はピアノ教室でいつも子どもたちが帰るときは、玄関で姿が見えなくなるまで手を振っていたのです。手を振ってもらうことで愛されていると感じ、それをお母さんにも求めたのです。お母さんは、彼が登校する朝に一週間手を振ったんですって。最後の日、彼が後戻りして来て、お母さんにこう言ったそうです「もういいよ」。許可がおりたそうです。

五年生になったとき、彼が私にこう言いました「先生、オレ、ピアノ辞める」。私、ホントに辞めてほしかったんです、ちっとも上手になりませんからね。みなさん、おけいこ事は子どものやりたいものをやらせたほうがいいですね。あの子だけですよ、二年間、発表会でおなじ曲を弾いたのは！　でね彼、剣道に行くって言うので「先生も賛成、行きなさい、行きなさい」って勧めました。「先生、オレ、ピアノ弾くのいやだから辞める、でも来るのは好き。ここに来てもいいか」って言うので「いいよ、おいで」って言いました。ピアノをやっているときは一週間に一回だったのに、辞めてから週に二回も来るようになりました。レッスンに来ても三〇分くらいだったのに、辞めてからは二時間もいて、場をまぜくってまぜくって帰るんです、それも無料で！（笑）

何が言いたいかというと、彼が二段目の階段を踏みに来たとき、お母さん、お父さん、おじいちゃん、おばあちゃんだけでなく、私というおとながそこにいて、その役割を担った。父さんや母さんには言えないけれど、このおとなになら言える。この先生になら出せる、言える。こういうおとなが周囲にいたとき、子どもたちは遠慮しないで安心して帰って来れるのです。いまの子どもたちが帰って来れずにずっといい子を演じ疲れて、やがて爆発する。あの子はあんなにいい子だったのに、どうして……。それは帰って来たくても、帰って来れない。帰って来ても伝えてくれる、支えてくれる人がいないからいい子を演じつづけなくちゃならない。この伝えてくれる、支えてくれる人が思春期のとき、そばに絶対必要です。思春期にとくにこの力が発揮されますね。

思春期のとき、子どもたちは親の言うことは聞きません。でも信頼しているおじちゃん

やおばちゃん、先生の言うことは聞きます。悩みがあっても親には言いません。でもおじいちゃん、おばあちゃん、先生には言います。子どもたちのまわりに信頼できるおとながいたら、子どもたちはきっと救われるでしょうね。地域のおじちゃん、おばちゃん、先生、おじいちゃん、おばあちゃん、隣り近所の人たちは子どもたちにとって財産だと思います。

♠生きかたは伝えるもの

私は子どものやることに無駄はないと思っています。やることのすべてが生きていく力につながっている。そして関わるすべてのおとなたちが、子どもを叱って褒めて愛して関わっていく、伝えていく。これが子どもを育てるということだと思います。「教える」のではなく「伝える」ということだと思っています。数学、英語は教えます、でも生きかたは伝えるのです。笑顔を伝え、やさしさを伝え、命を伝え、何がいいか悪いかを伝え、文化・平和、生きることの素晴らしさを伝えていくのです。伝えてもらった子どもたちは必ずまた次に伝えていく。そう思います。

あるお母さんからこんな質問が出ました。「わたしは離婚しました。ひとりで子どもを育てています。どうやれば夫の分までがんばれますか」

お母さん、二人分がんばることはないのよ。ひとり分がんばればいいのよ。心のタンクに足りない分は遠慮しないでまわりから入れてもらえばいいのよ。でも余っている分は横の人にあげる。これが手をつなぐということよ。父親、母親の二人が揃っていても子どもの心のタンクの中はいっぱいにならない。いろんな人に関わってもらい、子どもたちはタンクをいっぱいにして成長していくのだから。こんなふうにエールを送りました。

子育ては、現役のお父さんとお母さんの二人でするものと思っているかもしれませんが、いいえ私はちがうと思います。子育てはみんなでするものです。つながっているのですよ。

今日、ここの会場には、人生の先輩がたくさんいらっしゃいます。私はみなさんの後ろを歩いてきました。みなさんの真似をしてついてきました。今度は私の後ろをお父さんやお母さんがついてきてくれる。その後ろから次代を担う子どもたちがついて来ます。つながっているのです。だから私自身がどう生きていくか、そのことを次につづく若いかたたち、子どもたちに伝えていこうと思っています。子どもたちに関わるとき、10の力をもったひとりのおとなが関わるよりも、1の力をもった10人のおとなが子どもに関わる。このほうが子どもはゆたかに育つのではないでしょうか。その1の力を出し合う、これが手をつなぎ子どもを育てる原点ではないかと思います。

できることをできるところからやっていく。そして手をつなぐことは子どもだけでなく、私もまわりも幸せにゆたかになる。私はそう思います。

♠人は人の中で育ち生きていく

私は子どもたちに「君たちのやることに無駄はない。すべて生きる力につながっている」のだといつも伝えています。

そしてみなさんのやることにも無駄はない。ご自分の余った力は足りない人に分けてあげてください。人は財産ですよ。

人間は、いくつになってもひとりでは生きていけないのです。人は人の中で生きていく。それも、女らしく、男らしくじゃなく、「自分らしく生きていくこと」が大切なのです。人はもらいもらわれて励ましてエールを送り、いろんなことを伝えてもらって私たち自身も生きていくのですから。子どもたちをもっともっとその輪の中に入れて、社会のことを伝えていってほしいなと思います。

子育てはイヤイヤやっても楽しんでやっても、やることは一緒です。それなら楽しんだほうがいいですよね。子育てをしているこの時期が実は一番楽しいのですよ。あとでわかりますものね。子育て現役のみなさん、自分らしくがんばってください。まわりのいろんな人の力を借りながら、足りないものをもらいながら手をつないでいく。どうぞこのことを頭のすみに入れておいてください。

子どもたちは幸せになるために生まれてきたのです。子どもたちを幸せにするのはおとなの責任です。子どもがいる、いないは関係ありません。男性、女性、関係ありません。年をとっている、若い……、関係ありません。おとなはみんなやるべきことをやって伝えていき、子どもを幸せにする責任があるのです。私もおとなの責任を担っていきたいと思います。

人生にも子育てにもきりがありません。山も谷もあるし、悲しいときもつらいときもあります。でもみんなで手をつないで長くなればなるほど、私たちも子どもたちもゆたかに幸せになります。5人に囲まれた子は5の笑顔をもらいます。10人に囲まれた子は10のやさしさを、20人に囲まれたら20の厳しさ、価値観、うれしさ、言葉をもらうわけですから、どうぞたくさんの人たちと手をつなぎましょう。そして私たちも幸せになっていきましょう。

子育てはつながっている、このことを忘れないでください。

いまみなさん、やさしくなろうと思っていますね？　大丈夫ですよ、会場の外に出たらもう半分忘れます。家に帰ったらもうほとんど忘れているでしょう。それでいいのです。

イライラしたら子どもも私も順調！　です。どうぞみなさん、笑顔は精神安定剤だということを忘れないでくださいね。一緒にみんなで言いましょう！

うちの子、うちの子、最高！

第２章

思春期のあなたに伝えたいこと

♣思春期は自分探しの時期

チョロチョロ、チョロチョロの時代は小学校四年生くらいまでつづきますが、五年生くらいからやや落ち着いてきます。それからだんだん成長して、中学生になります。このころになると「急げ、走れ!」って言ってももう動きません。思春期です。

中学生ってかわいいですよ、(眉毛が)そろそろ無くなりますよ。何を考えているかわからない思春期に突入です。本人も親もまわりもモヤモヤしている。むずかしい、むずかしい時期だとみんなが言います。でもそれをクリアして自分自身をつくりあげていくのです。ステキですね。

子どもたちは、親からもらったものの中から「これは要る、これは要らない」と選びながら成長していきます。やがて思春期がきます。親はムカッとしますよ、楽しみにしていてください。わざと親を怒らせる、無視する、反抗するのです。ムカッとしたら喜んでください。この親を、まわりを、ムカッとさせる子は思春期の土台、成長の階段をしっかりと踏んできているのです。土台を踏んできていない子は思春期を迎えられません。でもいま、そういう子どもたちが増えてきていることに不安を感じます。

「あの子はいい子だった」。何か事件が起きるとおとなはそう言います。「あの子はいい子だった」いい子ですよ、それは親にとってつごうのいい子。つごうのいい子なんていません。なぜこんな事件を起こしたのか、と訊くと理由はいつもこうです。親に復讐したかった。親にきらわれた、親に……、親に……、こう言いますね。

「先生、うちの子はいま土台を踏んでいますか」大丈夫。踏んでいますよ、安心してください。今日、会場にいらしたみなさんは、さっき言いましたね、子どもを見てるとイライラするって。このイライラが実は思春期の土台づくりになるのです。

「先生、どういうふうになったら思春期ですか」。わかりやすいですよ思春期は。たとえば、小さいときは「母さ〜ん」「ばあちゃーん」「父さ〜ん」と言ってそばに来ていた子が思春期になって、親が学校の行事に行こうとすると子どもは言います「来るな！」って。小学校までは学校から帰っても「母さ〜ん、聞いて聞いて！」って言ってたのに、中学生になると何も言わなくなる。親が何か聞いたら「聞くな！」って言う。

一番わかりやすいのは運動会ですよ。小学校のときは「来て。絶対見に来て！」と言っていた子が、「来るな！」「絶対来るな！」って言うようになります。でも、来るなって言っておきながら、運動会が始まったらキョロキョロ見回して親を探してるんです。どこにいるかって。

わざと親を無視し、反抗をして、それでも自分に関心を向けているかどうかをいつも確かめている。そうやって育っていくのです。思春期を通り、おとなへの階段を上がっていく。子どもはいつの時期もステキ。そうやって思春期をクリアしていきながら自分自身をつくりあげていくのです。

♣命について語ろう

全国の小学校、中学校を回って子どもたちに尋ねます「自分のこと好きな人、手を挙げて!」。小学校三年生くらいまでは全員手を挙げます。四年生くらいから自分のことを嫌いと言いはじめます。中学生は全員嫌いと言います。なぜなら思春期だからです。自分をほかの人と比べる。笑顔が出ない自分、反抗する自分、いい子を演じる自分。こんな自分がイヤ、弱い自分はダメ、親に心配かけてはいけないと自分を強く見せようとする。悩みがあっても決して人に話さない、自分で解決しようとします。

私は中学生に言います「君たち、親に心配かけちゃいけないと思っているでしょ。でも君たちはまだ子どもよ、心配かけなさい。かけていいのよ。弱い自分がダメだと思っているけど、ちがうよ。お父さんもお母さんも、おじいちゃんおばあちゃんも、強い君も弱い君もそのままの君が好きなの。このことを忘れないで。

君たちは悩みを自分ひとりで抱え込もうとしているでしょ、ちがうのよ。君たちはまだまだ子どもです。君たちはまだ一五年間しか生きていないから一五年分の解決方法しか知らない。でも私たちは君たちの二倍、三倍、四倍生きているから、それだけの解決方法を知っているの。だからお父さん、お母さんに言えなかったら誰かほかの人に言っていいのよ、相談していいのよ。人に言うこと、相談することはちっとも悪いことではない、言っていいのよ。

そうしてね、もし友だちが「死にたい」って言ったら「絶対に死んだらダメ！」って止めなさい。なぜなら君たちは幸せになるために生まれてきたのだから。

この前、小学校に行ったとき、一年生に訊きました「ねえみんな、どこから生まれてきたか知ってる？　お父さんやお母さんに訊いたことある？」。全員が元気よくハイハイと手を挙げて答えてくれました。「川から流れてきた」「玄関を開けたら置いてあった」「卵

から出てきた」。いろいろありますねえ。すごいのは「ポチのウンチから生まれた」なんて言われたのを信じていた子がいました。

じゃあ今日は、本当のことを君たちに教えるからね。

君たちがカゲもカタチもなかったとき、ステキなことが起きたの。君たちのお父さんとお母さんが出会ったの、ステキでしょ？　小学校一年生は「ステキ！」って言いますが、中学生は「フン！」って下を向きます。順調です！

君のお父さんはお母さんを見て、お母さんはお父さんを見て「ステキね」と思ったのよと言ったら、この前講演に行った九州の高校生からすぐ質問がありました。「先生、よかですか？」はい、なんでしょうか。「先生はいま、初めて親が出会ったとき、おたがいにステキと思ったと言ったけど、『そ、ん、と、き、は！』でしょ」。いいえ、そ、の、と、き、もです！

お父さんとお母さんは結婚するの。結婚したら二人は相談することがあります。何の相談かな？「ハイハイ！」と小学生たちは手を挙げて答えてくれます。「離婚」ちがう、「ローン」ちがう、「生命保険」ちがう！　あのね、赤ちゃんの相談をするの。お母さんはすごいわ。おなかの中に赤ちゃんの卵をもっているの、お父さんは赤ちゃんの種をもっているの。すごいでしょ。その卵と種がくっついて赤ちゃんになるの。小学生は「すご～い！」と目を輝かせ、中学生はこのへんからニヤニヤします。

君のお父さんはすごいわね。君ひとりのためにお父さんは日本の人口の約二倍、約三億の精子を出すの。その三億の精子は母さんの卵をめざしてドンドン、ドンドン、ドンドン行くの。「はやーい!」と小学生は言います。その中のたった一個が残るのよ。二億九九九万九九九九個の精子は消えていく。「消えるのか」。そう。でもただ消えるだけではないの。残る一個の精子にこう言うの「君が赤ちゃんになって」君は選ばれたの。お父さんの一番元気で一番やさしくて一番輝いているステキな精子が君よ。だから君はどんなことがあっても二億九九九九万九九九九個の精子のためにもがんばって生き抜く! 自分を大事にするのよ。わかったわね。

お母さんの卵とくっついた精子は、一〇か月間、お母さんのおなかの中にいるの。お母さんは君たちを守ったわ。おなかの中には気持ちのいい水があってそれに浮いていたの。お母さんは栄養を送りつづけて君たちを守ってくれた。おなかの中は暗かった、でも、さみしくなかった。なぜならお母さんの声が聞こえたもの。聞こえたでしょ? 小学校の子は全員言いましたよ「聞こえた!」って。

だんだん大きくなってやがて生まれてくるとき、赤ちゃんは誰からも教えてもらっていないのに、頭を下にして生まれてくるの。手や足から生まれるとひっかかったり折れたりするから。でもいたのです、生まれる前から言うことをきかない赤ちゃんが。そんなときは、お母さんは体操をしたりマッサージをしたりして、赤ちゃんが頭から生まれるように努力をするの。それでもダメだった場合や、へその緒が赤ちゃんの首にまきついたりしているときは帝王切開ね。大変だったわね、お母さん！　ホントにお母さんの体はすごいのよ。ウンチの出る道と、おしっこの出る道の間に赤ちゃんの通る道があって、そこから君たちは頭から出てきたのよ。お母さんは大変できつかったの。小学校のお母さん方に、「お母さん、大変でしたね」と言うと、みんなにこやかな笑顔でうなずきました。おなじように中学校で「大変でしたね」と言うと、なぜだか中学生のお母さんたちは「ウーン！」ってうなるんです。わが子と目があうと必ず、「そうよ！　大変だったんだから」と目で叫んでいます。

♣命に代えて子どもを産んだ

むかしのお母さんは赤ちゃんを産むときに、命を失うお母さんもいました。それくらいお産は大変なことでした。いまは医学が発達して命を失くすことはほとんどありませんが。でも、これだけは信じてください。むかしのお母さんもいまのお母さんも一緒よ、君たちを自分の命に代えて産んだってことを。君たちを命に代えて産んだの。君たちもがんばったわ。お母さんの産道を君たちは頭をくるくる回しながらお母さんの呼吸に合わせて出てきたの。きつかったでしょう！　と言ったら小学一年生の子どもたちは「きつかったあ！」って言ってました。

おぎゃあーと生まれてきて、君たちみんなは言ったのです「父さん、母さん、わたし幸せになる！　ぼく幸せになる！」。そう、幸せになりなさい、幸せになる権利があるの！そして、あんなに苦しかったお母さんは君たちを産んだ瞬間、苦しかったことを全部忘れて世界中で一番幸せなお母さんになったの。そして君のお母さん、お父さん、おじいちゃん、おばあちゃんたちは君を見てこんなふうに思ったの「もう何も要らない、もう何も望まない、これで十分だ！」って。そのときは思ったの！　いまは忘れているだけ。

そして君たちはステキな笑顔をお父さんやお母さんにもらった。だからこんなにステキなのよ！　そう話していたら九州の高校生がすぐ訊いてきました。「先生、よかですか」なんですか。「先生、おかしいじゃないですか。先生はいま、親は命に代えて子どもを産むと言った。だったらどうして子どもを虐待するのですか。どうして抱かないんですか、どうして捨てるんですか。おかしいじゃないですか！」と。

本当にそう。あなたの言うとおり。ただね、虐待をしたくてしている親はいないと思う。親はみんな子どもを愛したいと思っている。けれど愛せない。なぜなら愛してもらったことがない親、抱かれたことがない親は、子どもをどう愛していいのかわからないのです、きっと……。いま、君が人を愛することができるのは君自身が愛されてきたからなのよ。君の笑顔がステキなのは笑顔をもらったからよ。そう、人はもらったものを出していくのよ。もらってないものは出せません。

私は君たち高校生だけではなく、子どもを愛したいのに愛せないというお父さん、お母さん、いま、虐待をして苦しんでいるお父さん、お母さんたちにもこのことを伝えていきたい。親になってからでも遅くはないの、おとなになってからでも遅くはないのだから。

質問をしたその高校生は泣きながら「先生、じゃオレが親になったとき、子どもを捨てる親になるのか」なんでそんなこと訊くの？「オレは捨てられた。先生は言ったじゃないか、子どもはもらったものを出すと。オレは捨てられた、だからオレは親になったとき、子どもを捨てるのか」と。その子は真剣な顔で私に言うのです。

つらかったね、でもね、置いていく親もつらかった。君は親から捨てられたと言った。でも君は一八年間、親以外のたくさんの人に関わってもらった、抱いてもらった、叱ってもらった、愛してもらった。子どもはね、親からだけみてもらうのじゃない。いろんな人からいろんなものをたくさんもらって大きくなっていくの。心配いらないわ。君はステキなおとなになるからね。

彼はニコッと笑いました。ステキな笑顔でした。

♣人生の先輩として

その質問をした男の子の前に座っていた子、いまでも忘れられません、まったく（眉が）ありませんでした。その子が尋ねます「先生、よかですか」なんでしょう。「先生はどがんしてそんなにべらべら二時間もしゃべれるんですか」なんでそんなこと訊くの？「いや、ふつう講師の先生というのは紙を見ながらしゃべるとです。先生は何も見ないでしゃべります。なんでですか。頭の中に入ってるんですか？」

ありがとう。私は君の人生の先輩よ、先輩として私は君たちに伝えたいことがたくさんあるの。君に幸せになってほしいから。二時間ではとても足りないのよ、本当はもう一時間ほしいくらいよ。すると、その男の子はパッと立って言いました「先生。もう十分幸せになりました！」。

別の男の子です。「先生、よかですか」なんでしょう。「先生はどうしてそんなにニコニコしながら一生懸命話すとですか。オレのまわりにはこんなに一生懸命話してくれる、関わってくれるおとながいない。そんなおとながいない」と。

子どもたちは建前じゃないですよ、本音で関わってほしいのです。見抜きます「オレのまわりにはそんなにおだやかに語りかけてくれる先生がいない」と言いました。二、三人の先生がさっと下を向きました。

いま、学校現場の先生たちは笑顔が出ないくらい大変だということもわかります。だからこそ、この先生たちとも手をつないで子どもたちを見ていきたいと思いました。私は高校生にこう話しました。いまのおとなは卑怯よ。私も含めて卑怯。何か問題が起こるとこう言うのよ、「学校が悪い、先生が悪い、家庭が悪い、親が悪い」と。そりゃあ問題を起こすおとなもいる。でもそれはごく一部。私がいままで関わった何千人というおとなたちは、精一杯自分の力を出しながら子どもに関わっているわ。でもおたがい人間だから足りないところがある。なのにいまのおとなは足りないところを非難しあっている。非難しあっても決して解決はつかないのよ、おたがいに補いあっていかなければ……。

君たちどうか、こんなおとなになって。自分の子を叱るようにほかの子を叱れる。自分の子を褒めるようにほかの子も褒められる。自分の子に関わるようにほかの子に関わっていける。そんなおとなになってほしい。そうしたらいまのようにつらい思いをしたり、悲しい、さみしい思いをする子どもたちはいなくなると思うの。

最後に女の子が訊きました「先生には何人の子どもがいるのですか」なんでそんなこと

を訊くの？「先生のようなおとなに育てられた子はきっと非行に走らないと思います」（その子は完全に走ってました）。何人いると思う？「五人、八人……」ごめんね、あなたの期待に添えなくて。私には子どもがいないのよ。そしたら前の席の子が「じゃあ先生は子どもがいないのに、どがんしてそんなに子どもの気持ち、親の気持ちがわかるとですか？」あのね、子どもを育てるのは親だけではないのよ。おとなはみんな子どもを育てる責任があるの。子どもはみんなに関わってもらって大きくなる、そりゃあなたの親には負けるわよ、あなたを命に代えて産んだのだから。でもあなたを幸せにしたいというその思いは誰にも負けないつもりよ。いままで生きてきた私の笑顔もやさしさもガサツさもみんなあげるわ。要らないものは遠慮なく捨てて。でも一個でも残っていたらそれを次の子に伝えてほしい。私はおとなの責任を果たしたいと思っているの。ただそれだけよ。

前にいた彼はパッと立ってこう言いました「先生！　先生は立派です！」

なんだかちょっとテレましたね。でもちょっぴりうれしかったですね。

♣母ちゃんはすげえ!

講演が済むと、私のところに感想文がどんどん送られてきます。

「ぼくは一五年間生きてきたけど、こんなにしゃべる人は初めて見ました」

「先生のトークはマシンガントークのようでした。どこで息継ぎをしているのですか」

「先生は大阪の上沼恵美子さんに似ています。綾小路きみまろの女版のようです。佐賀のがばいばあちゃんの泉ピン子さんにそっくりです」

「女金八先生のようでした」

でも一番多かったのはこれでした。

「ぼくは自分の命を大切にします。なぜなら三億の中の一個の精子だからです。消えていった二億九九九九万九九九九個の精子に悪いから」

「母ちゃんはすげえ、母ちゃんはすげえ、母ちゃんはすげえ、母ちゃんはすげえ」と五行大きく書いてありました。最後に一行、小さく「父ちゃんもすげえ」

中三の男の子でした。

「先生、わたしは知りませんでした。朝起きた瞬間から寝るまでギャアギャアわめくばかりのあの母は、あれが趣味だと思っていました。でもギャアギャア言う権利が母にはある。なぜなら命に代えてわたしを産んでくれたから」

「先生、わたしは今日すっきりしました。わたしは自分がイヤだった。ごめんねが言えない自分、ムカつく自分、ありがとうが言えない自分、学校でいい子を演じる自分、ぜんぶイヤだった。でも先生はそれが思春期だと言った。それをクリアしたとき、ステキな自分が待ってると言った。先生ありがとう。この思春期をクリアしたとき、いまいがみあっている母と笑顔で語り合いたいと思います」

九州のある島の中学二年生はこう書いて送ってくれました。

「ぼくは何度消えてしまいたいと思ったかわからない。ぼくは勉強も運動もできない、みんなからウザイウザイと言われている。何で生まれてきたんだろう、いつもそう思ってた。でも今日先生は教えてくれた。数学や英語はみんなおなじときに一緒に学ぶけど、成長は一人ひとりちがうから、横の人と、クラスの人と比べるな。比べるときは自分の一年前、自分の半年前と比べなさいと。先生、一年前のぼくと比べてみます。ありがとう」

中学三年の女の子です。「先生、わたしには母がいない。母は小さいときわたしを置いて家を出て行った。何度死のうと思ったかしれない。でも先生は今日、わたしの顔を見てあなたの笑顔がステキと言ってくれた。うれしかった。元気が出ました、がんばります」

「先生、今日からわたしは母を恨むことをやめる。なぜかといえば、母はわたしを置いていなくなったけど、わたしを産むときまちがいなく命に代えて産んでくれた。日本のどこかに生きている母にありがとうと言いたい」と。

「今日、先生はわたしたちに本当の幸せは何かを教えてくれた。本当の幸せはお金持ちになることでも、成績がトップになることでもない。本当の幸せはいまわたしが生まれてここにいる、このことが一番の幸せなのだということに気づかせてくれた。毎日の普通の暮らしのなかに幸せはいっぱい詰まっていることを先生が教えてくれた。伝えてくれた。ありがとう」

♣彼らはステキです！

私は全国の保育園、幼稚園、小学校、中学校、高校に講演して回っています。小学校・中学校では性教育の話をします。高校では性教育と子育て講座をします。なんで高校生に子育て講座をするの？　と聞かれます。それは親になってからではもう遅い、高校生のときから命のこと、子どものことを考え、話してほしい、そんな思いからです。

小学校低学年はホントにかわいいです。私が教室に入っていくと、ものめずらしそうに口を半開きで私を見ます。中学生は〝チラ見〟をします。見たいけど見てるふりしたくない、聞きたいけど聞くふりしたくないのです。でも気になる、チラチラ見て、目が合うとサッと下を向く。みんな下を向いていて顔を上げません。そうすると後ろのほうから不気味な男の先生の声がしてきます「頭上げろ～！」全国共通です。

高校生は私が会場に入って行くとじろーっと見ます。私を上から下までじろーっと見ます。なぜでしょう。そう、こういう見かたをする子たちが多い高校に私は呼ばれるからです。話を聞くのが上手な子が多い高校にはあまり呼ばれません。そういう高校にはほかの講師が行きます。話を聞くのが苦手という子が多い高校に私は呼ばれます。男子校とか工業高校専門です。でも彼らはステキですよ。

この前、ある工業高校で三〇〇人を前にしゃべりました。会場は畳の武道場でした。汗が染み込んでいます。高校の先生がたは、なぜかどこの学校を回っても座っていません。生徒たちの後ろに立って逃げないように仁王立ちしてガードしています。私が彼ら生徒たちに「こんにちは」と言うと、全員が顎で返事をしました。高校生は絶対「こんにちは」と口で言いませんよ。顎を下から上にして「ちわー」だけ。彼らの大体三分の一は眉は細いですね。ついてない子もいましたが。

これからみんなに質問するので正直に答えてくれる？「いいっすよ」。君たちさあ、おなか空いたらどうするの？　男の子が答えてくれました、すっごい巻き舌で「腹へったー」そしたら親は何て言うの「待ってなー」。じゃあ君んちは「がまんしろ」。「無視される」。「オレ自分でチンする」えらい！　じゃ、君は？「セブンイレブンに走る」。最高よねえ、この子たち。

でも君たちが赤ちゃんだったときはちがうよ。おなかが空いたら泣いた、おむつが濡れたら泣いた、さみしいと泣いた。そしたら、君たちの母さん、父さんさっと来た。いま君たちが人を信じることができるのは、君たちが泣いたとき、父さん、母さん、じいちゃん、ばあちゃんがさっと来てくれたからなのよ。信頼関係の基礎をしっかりもらったのよ。ステキね。そしたら全員が口を揃えて言いました「信じられねえ！」

子どもが小さいとき、泣いたらみなさんさっと行きましたよね、行ったでしょ、行ったんです、第一子のときは！　第二子「ちょっと待っといて」、第三子「まだ大丈夫」、と時間差はありましたけどね。とにかく行きました。子どもたちは時間のズレなどちっとも気にしていません。

♣忘れられない子どもたち

最後に忘れられない中学校と夜間高校の話をしたいと思います。

私は全国いろんな学校を回ってきました。これは九州のある炭鉱の町の中学校です。ここはすごかったですよ、まっすぐ並んでいる子がひとりもいないのです、横を向いたり寝っ転がったり、走り回ったりしている。きっとこの子どもたちは家で自分の思いを出せない。だから学校で出している。「先生、見て見て」と。親たちは生活するだけで精一杯で、子どもに関わる時間の余裕がないのだろう、私はわかりました。

校長先生から講演依頼の電話がありました。「うちの生徒たちに命の大切さを話してやってください。一人ひとりがとても大事な存在だということを話してほしい」という内容でした。

当日、校長室で講演の前にお茶を飲んでいると校長先生が「熊丸先生、来てもらって本当にうれしい。でもせっかく来てもらったけれど困ったことがあります。うちの生徒たちは先生が一生懸命話をしてくださってもたぶん聴かないと思います」（聴かないのなら呼ばんでよ）いえ、聴くと思いますよ。「それに六人ほど目立つ子がいます。その子たちが野次をとばします。先生の話の邪魔をすると思います。走り回ったり、逃げ回ったり大変な状態になるかもしれません、でもそのときは遠慮なく叱ってください」（先生が叱ってよ）

私は体育館の外で呼ばれるのを待っていました。教頭先生がマイクを持って話をしてるのですが、子どもたちがさわいでいて誰も聞いていません。そんななか、「熊丸先生どうぞ！」と紹介するのです。もう帰りたかったですよ、私。

まずその六人を探しました。でも六人どころじゃないのですよ、何十人もいるんですよ、そういう子が。でもたしかに六人はいました。体育館の入り口の近くで円陣を組んでました。髪の色はみんなとちがってましたし、眉はありませんでした。もっとわかりやすかったのは、ジャージを着た三人の男の先生が彼らが逃げないようにガードしていました。間違いありません。私が入って行ったら六人が私を威すようなすごい声で「オッス！」と叫んだのでびっくりしました。びっくりしたのですが、パッと顔を見たら何かアンバランスなんです。かわいいというか、おもしろいというか。ついついニコッと笑いました。彼らは、威す声に私が驚かなかったのでびっくりしたみたいでした。

私、マイクを持って「ありがとうね。わたしドキドキしてここに来たの。君たちが〝オッス！〟と言ってくれたからうれしかった、ありがとう」と言いました。そしたら何を思ったのかその六人、全校生徒に向かって「イエイ！　オレたちだぜ」ってVサインしました。オレたち、褒められたんだと思ったのでしょうね。その中のひとりは褒められた義理を果たしたかったんでしょうね、私の話をホントに一生懸命聞いていました。

「君、話を聴くのが上手ね。ありがとう。わたしは君に一生懸命話をするからね」と伝えました。彼はうれしかったみたい。でもね、褒められてきつかったようです。褒められたばっかりに彼は二時間正座して聴いていました。

一番前にニコニコ、ニコニコして笑顔のステキな子がいました。まあ、君は一五年間、父さん、母さんの笑顔をもらったのでこんなステキな笑顔でいられるのね。ふてくされて「オレ、親いねえ」とすぐ応えました。ああ、そう。じゃあ、あなたに伝えとくね。君は間違いなく笑顔をお父さん、お母さんからもらったのよ。だからそんなに笑顔がステキなのよ。彼の表情がパッと変わりました。ホントにうれしそうでしたよ。

二時間の講演が終わりました。誰一人逃げ出さずに話を聞いていました。頭も上がってました。あとで先生が「奇跡だ」って言ってました。教頭先生の「誰か質問ないかあ」に笑顔を褒められたその子がパッと手を挙げました。立ってこう言いました。「先生、オレ先生が好きです！」うれしかったですよ、どんな感想よりもうれしかったです。何が言いたいかわかりますか。彼はこう言いたかったんですよ。きっと……。「先生、声をかけてくれてありがとう。ぼくの笑顔を褒めてくれてありがとう。知らない父さん、母さんのことを褒めてくれてありがとう」……。

話が終わって私が体育館から出たら、廊下で、もうあの六人のうちの二人が先生に叱られてました。その横を通りながら「まあ、さっきはありがとう」と言ったら「ハッ!」と直立不動。礼儀正しいでしょう。中学三年の受験期なので、勉強がんばってと言おうと思ったのですが、ちょっと雰囲気がちがうので「体に気をつけて、先に帰るわね」って言ったら、その二人「失礼します!」とお辞儀をしました。担任の先生、うれしかったみたいですよ。彼らの頭を押さえて「よかったなあ、おまえらよかったなあ」。その二人は私には直立不動の姿勢だったのに、担任の手を払いのけて「うるせえ!」。

みなさんわかりますか? 彼らはわかっているのです、私には甘えられないってことを。だけどこの先生には甘えられるとわかっているからわずらわしさを出すのですよ。子どもたちは信頼するおとなに「見て見て」とわずらわしさを出すのです。

講演のあと、先生がたとお茶を飲みました。「先生、幸せよ。あの子たちから百%信頼されてる、だからわずらわしさをもらうのよ、幸せよ!」。コーヒーを飲んでいた先生、ゴックンと音がしました。

「熊丸先生」、なんでしょうか。しんみりした声でその先生が言いました「信頼されるっちゃきついもんですな」

そうですよ、信頼している親やおとなには子どもたちはわずらわしさを出します。わずらわしさは、信頼の証です。

♣まるでドラマの一場面のようでした

夜間高校にも行っておなじような話をしました。そこは七〇名の生徒たちがいました。不登校を三年間くり返してやっと居場所をみつけた子、いじめにあって人を信じられなくなった子、虐待を受けていた子。そんないろんな重い荷物を背負って学校に来ている子どもたちも多くいました。教頭先生が言ってました。「うちの子どもたちは素直に自分の気持ちを出せませんが、一生懸命に話を聴くと思うので、先生、一人ひとりがどんなに大切な存在かということを話してやってください」

九〇分間、話しました。でも笑う子がひとりもいません。みんな下を向いたままなんです。きついですよ、ひとりで話してひとりで笑うのは。講演が済んで、彼らわかったかなあと私が落ち込んで校長室に戻っていたら、教頭先生が後ろから走ってきて「熊丸先生、ぼくは今日感動しました！」と言うのです。何がでしょうか「イヤー、うちの生徒たちがあんなに表情ゆたかに話を聞くとは」あれで⁉

校長室でお茶を飲んでいたらひとりの女の子がパアッと入って来ました。すごいお化粧をしていました。「先生いる⁉」いますよ。そしたらいきなり私に抱きついて「イエーイ！先生バリ感動！　バリ感動！」バリって何だろうな、でも感動したんだろうな。その子は親指を上げて「イエーイ、幸せになるからね」と言って出て行きました。私は呆気にとられましたよ。教頭先生が「あの子が自分のことをあんなに表現するのはすごいことです、先生」とうれしそうに言いました。

またお茶を飲んでいたら、二人の男の子が入ってきました。「先生いますか？」いますよ。「先生、握手してください」握手しました。「先生、オレ今日心がきれいになりました。オレの心のタンクに先生の言葉と笑顔を全部入れます。ありがとうございました」するとその男の子がべえべえ泣き出したんですよ。その子の顔を見ていたら私も泣き出してしまったんです。もうひとり一緒にいた男の子も泣き出した。三人で泣いていたら、うしろで誰かがべえべえ泣いているんです。教頭先生ですよ。教育委員会の人も、養護の先生もみんな泣いている。校長室がまるでドラマの一場面みたいでしたよ。

その男の子が「先生、笑顔もいいけど泣いた顔もいいっすねえ！」って言うのです。うれしかったですね。私は彼らが帰って行くのをずっと手を振って見送りました。何度も何

夜間高校での講演終了後、校長室でお茶をいただいている時のこと、ーー
バーンッ
熊丸先生っ握手してください
オレきょう心がきれいになりました!!
オレの心のタンクに先生の言葉と笑顔を全部入れます!!
ありがとうございました!!
うう～っ
私も彼らと一緒に泣きました
フト、気がつくと教頭先生も
教育委員会の人も
ボロボロ
養護の先生もみんな泣いている…
うえーん…
校長室がまるでドラマの一場面のようでした…
先生っ笑顔もいいけど泣いた顔もいいっすねぇ!
ありがとう!

度も振り返っていました。彼らに言いたかったですよ大声で。「幸せになりなさい。ステキに生きていきなさい。君たちは幸せになるために生まれてきたのだから。そのために私たちおとなは、手をつないでおとなの責任を果たすためにがんばるからね」……と。

第３章

子どもたちにどう関わり、伝えていくか

★「環境のおくれ」なのでは

今回は保育士として子どもたちに関わっていらっしゃるみなさんにお話をさせていただきます。

長年、保育士をしていらっしゃるみなさんがたはわかると思うのですが、近年、親と子どもの関係が少し変わってきたかなと思っていらっしゃらないでしょうか。保育士さんの側から見ると、むかしもいまも子どもとの関係は変わっていないし、親との関係も変わっていないと思う。けれど、子どもたちのようすを見ると、親が子どもをあまり抱いていないんじゃないか、言葉かけをしていないんじゃないか、笑顔を向けることが少ないんじゃないか、というようなことを感じたことはありませんか？

いかがですか？（場内に尋ねる）感じますよね。子どもたちを比べてはいけないのですが、二、三年前からだとそんなに変化はないようですが、これが一〇年以上も前の子どもたちと、いまの子どもたちと比べるとちょっとちがう。何か表情がゆたかではない。なぜか落ち着かない、いつまでもベタベタがつづき、友だちとのトラブルも多い。何でこんなにちがうのかなと思ったことはありませんか？　私はそれを「環境のおくれ」なんじゃないかと思うのです。

子どもたちが、その時期やらなければならないことをやっていない、おとなからもらうべき時期にもらうものをもらっていないで大きくなったということだと思います。それはたとえば、チョロチョロする時期にチョロチョロしていないと、落ち着きはやってこないでしょう。子どもたちが、笑顔をいっぱいもらわなければならない時期にもらえなかったら、笑顔を出せないでしょ。親に抱かれていない子、関わってもらっていない子は不安定で、ベタベタがつづくでしょう。そういう環境のおくれがあるのかなと感じます。子どもはいつの時代もステキです。でもまわりのおとなたちからいろんなものをもらわなければ出せません。

親自身も子どもを愛したいのだけど、自分が愛されて育っていなければ、どうやってわが子を愛したらいいのかがわからない。どうやって抱いたらいいのかわからない。どうやって子どもと関わっていったらいいのかわからない。そういうお母さん、お父さんが増えてきたのかなあと思うことがよくあります。

最近は若い保護者のかたも増えてきました。いろんな事情があって母子家庭、父子家庭というのも結構あります。母子家庭・父子家庭が悪いということではありません。お父さんもお母さんも一生懸命子育てがんばっていますよ、でもいろんな事情があって、そのひずみみたいなものがどうしても子どもたちにいってしまっている。子どもは必死になって、いまもらうべきものをもらおうとして親にサインを送るのだけれど、それに親がまったく気づかない。反対に、親は必死にもらおうとして寄ってくる子どもを見て「何を言ってるのだろ」とイライラして、それが虐待というかたちになって出てしまう。

いまみなさんは、このように悩み苦しんでいる親たちを、どうサポートしたらよいのかと、みなさん自身悩み、迷っているのではないでしょうか。

問題をかかえ、虐待をしている親たちを責めるだけでは本当の解決にはつながらない。そうせざるを得ない原因、要因をしっかりとみていくことも必要なのではないかと思うのです。親になってからだって遅くはない、その思いで私たちは若い親たちに伝えていかなければいけないのですね。笑顔ややさしさ、愛するということを……。そのことが、きっと子どもの幸せにつながっていくのですから。

★保護者と子どもに関わるとき

何かちょっと「気になる子ども」が増えてきています。

では私たちは、気になる子どもたちにどう関わっていけばいいのだろう、そしてその親にどう関わっていけばいいのだろうと思って、毎日保育をしています。それで心配して親に声をかければ、反対に親にシャットアウトされるし、親は言ってくれた保育士を避けて寄ってこなくなる。そうなったときに、どうすればいいのかと保育士は悩みます。言いかた、伝えかたが悪かったのかなあと落ち込み、自分を責めます。

いま、学校の先生がたも迷い、悩んでいます。私たちおとな、教師は子どもたちのために何をしたらよいのか、何を伝えていくのか、何をしなければいけないのか、どう関わっていくのか……と。

ほかでもお話ししたことですが、A県のある小学校で六年生の担任の先生が「いまの六年生はベタベタ甘えるのです。むかしの六年生はこんなにベタベタしなかった。異常ですかね」と言われたのですが、異常でも何でもないのです。子どもたちはもらうものをもらうべき時期にもらっていなかったら、いくつになってももらいに戻ってくるのですから。ちっちゃいうちは、わかりやすいですね。たとえばみなさんの保育園のクラスの子どもの家庭に赤ちゃんが生まれた。そしたら上の子どもが担任の先生にベタベタ甘えるようになった、そんな経験がみなさんにありませんか。その子どもは家では親に甘えられない、抱かれる量、関わってもらう量が足りない、だから信頼している大好きな先生にそれをもらおうとしているのでしょうね。保育園や幼稚園にきてわずらわしさというかたちで先生に出すのですね。自分でできることができないと言ってみたり「先生、見て見て」「先生、関わって！」と人をたたいたり、わるさをしてみたり、手をやかせるのです。

本当は、子どもたちはお母さんに「見て、見て、抱いて！」と訴えたいのです。でも口に出して説明はできません。だから父さんも母さんもダメなら保育園に行って、大好きな先生にベタベタして、自分を見てほしいとアピールするのです。

今日は二歳児担任の先生がたがたくさんこの会場にいらしているのですね。〇歳、一歳は人間の基礎をつくる時期です。二歳というのはこの基礎をつくる最終段階の一番大切な時期、次の段階に行くための大事なときです。私たちはこのへんのところをきちんとおさえておかなければいけないと思います。

★どれだけの人に関わってもらうか

いまみなさんが関わっている子どもたちってチョロチョロしますね。動きます。もうちょっとじっとしてくれたらいいのに、と見ているとイライラしますよね。なんでこんなにチョロチョロするのだろう、向こうに行きなさいと言うとこっち来るし、静かにしましょうと言うとさわいだりする。二歳児というのはチョロチョロするのが仕事です。ですからチョロチョロを保障することも大切です。このチョロチョロする時期にやってはいけないことを全部します。

どういうことかと言うと、生きかたを学ぶという段階ですね、時期です。いけないことをしたら叱る、いいことをしたら褒める、というように生きかたを伝える時期です。〇歳はまだ活動の範囲が狭いからそうでもないけれど、二歳ともなるとその範囲が広がるからホントに動き回り、大変ですね。言葉も出てきているし、友だちとの関係や生きる力もついてくる時期です。だからこの年齢では、どんなあそびをさせたらいいのだろうと、みなさん日々考え勉強をしていらっしゃると思うのです。

今日は、二歳児の本当の姿をみなさんと一緒に確認してみたいと思います。この大事な二歳の時期に、一段一段ちゃんと成長の階段を踏んでいるか、環境のおくれはないだろうか、もしおくれていたら将来のために足りないところは入れていかないといけないのです。

子どもって本当にチョロチョロ、チョロチョロしておとなをイライラさせます。イライラするのは何でだろうということを、もう一度考えてみたいと思います。

クラスの子どもを見ていてイライラする先生いますか？　はい、いますよね。じゃ、何で子どもを見てイライラするのだろって分析したことがありますか？　原因はたった一つだけ、「言うことをきかないからです！」

言うことをきいてくれたらイライラなんかしませんよ。でもこの言うことをきかないのが、二歳児の特徴なんですよ。

二歳とはどういう時期なのかを考えてみたときに、まず〇歳のときに成長の階段をしっかり踏んできているかどうかが二歳で現れてきませんか。たとえばしっかり抱かれている子は安定していますね。抱かれた量が少ない子は二歳になってもよく泣き、ベタベタしますし、不安定にもなります。

みなさんが園で関わっている子が泣く、しょっちゅう泣く。「なんでこの子はこんなに泣くのだろ⁉」それは子どもが信頼関係をつくろうとしているからだと思いますね。○歳のときはホントに泣きますよ。この中で子育ての経験をおもちの先生はいらっしゃる？あ、いらっしゃいますね。子どもが泣いたとき、みなさんとんで行きましたでしょ。子どもが泣いてサインを出しているときに親やおとなが行かないと、子どもたちは信頼関係を学び、結ぶことはできません。○歳の赤ちゃんのときにどれだけの人に関わってもらうかで、育ちはちがってきます。

★信頼関係を結ぶ〝抱く〟という行為

いま若い母親、父親のなかに子どもを抱けない親が増えてきたと言います。どうしてでしょう。それは、自分自身が小さいときに十分に抱かれていないからではないでしょうか。愛しかたがわからない。子どもとの関わりかたがわからない、ｅｔｃ．……。何度も言うのですが、人はもらったものを出していくのですから、もらわなかったら出せないのです。

「いまの親はダメだ」。これだけで片づけていいのでしょうか。親になってからだって遅くはない、おとなになってからでも遅くない。そういう思いで私たちは若い親たちをサポートし、伝えていくことも忘れてはいけないと思うのです。大変ですけれどね。

先日、赤ちゃんを抱いたお母さんがイライラした顔で「先生、どうしてこの子、こんなに泣くのでしょうね。頭にきちゃうわ！」と赤ちゃんを揺すりながら言うんです。「あのね、口で言えないから泣くのよ。あなたのことが大好きだから泣くのよ」と私なりに説明したのです。

子どもたちは「父さん、母さん、いっぱい抱いて。いっぱい見て、いっぱい関わって！そしたら人を信じる基礎をつくるからね」「父さん、ぼくが泣いたら来てくれてありがとう」「母さん、おばあちゃん、来てくれてありがとう。うれしかったよ、安心したよ。人間の土台をつくったよ」。だから子どもたちは泣くんですね。

「父さん、母さんはぼくが泣いても来てくれなかった。でも先生はすぐ来てくれた、ぼくはうれしかった。ありがとう。ぼく、先生を信じているよ」こうやって子どもたちは信頼関係の基礎をつくっていくのですね。だから家で親にベタベタできない子は、園で信頼できる先生に出しているのです。「ぼくは家で父さん、母さんにベタベタを出したいけど、うちの親は余裕がない。だから園で先生にサインを出して先生から足りないものをもらおうとするんだ」

みなさんの園で子どもたちが泣いたらどうします？「どうしたの？」とやさしく言って「大丈夫、大丈夫」と言い、子どもに関わりますね。これで子どもは「安心」ということを学んでいくのです。信頼関係を自分のものにしていくのでしょうね。

信頼関係を結んだ子は、ちゃんと自分を大事にし、人を大事にし、人を信じる力をつけていくことができます。虐待される子は泣いたらたたかれるので、ならば泣くまいとなる。そして信頼関係の基礎はそこでプツンと切れてしまいます。

人間の土台をつくるこの〇歳～一歳の時期に、どれだけ笑顔をもらうか、関わってもらうかで子どもの表情や育ちがちがってくるといわれます。子どもの表情を見て、ちょっとこの子表情が乏しいなあと心配になる子もいます。そんなときお母さんを見るとお母さんも何か表情が乏しいというのを感じたことがありませんか。子どもたちはもらってないものは出せないのですよ。でも、お母さんが何かちょっと暗いのに、えらく表情の明るい子どもっていますよね。お父さんが明るかったり、おじいちゃんが明るかったりとか、クラスの担任が明るかったりとか、まわりによく笑うおばちゃんがいたりとか……。やはり親だけではなく、いろんな人から笑顔をもらう、関わってもらうことが子どもにとっては大切なんだと思います。

私は母に訊いたことがあります。「ねえ母さん、みんながわたしを見て『熊丸さんの笑顔はステキですね。いつもニコニコして、きっと先生の親御さんから笑顔をいっぱいもらったんでしょうね』って。母さんいっぱいわたしに笑顔をくれたの？」。すると母が言うのです。「あんたが小さいとき、母さんも父さんも忙しくて、あまり抱いたりかわいがったりしていなかったかもね。弟二人いたし、仕事（洋裁）も大変だったし、生活するのが精一杯だったね。でも、うちは下宿屋をしていてね、おじちゃん、おばちゃんがたくさんいて、いつもあんたを抱いてくれて、みんなが『かわいい、かわいい』ってかわいがってくれてたね。きっとあのおばちゃんやおじちゃんの笑顔をもらったのかもね。でもあんたは小さいとき、本当にかわいかったよ、いまもかわいいけどね」（なんか、ちょっとうれしかったですね）。

そうなんだ、私も親だけじゃなくまわりのおとなたちから笑顔ややさしさをもらったんだと……。

私の学生時代はよく言われました「抱きぐせがつく」のであまり抱いてはいけないと。でもいま、私は「抱きぐせはつかない．抱いていいんだ、抱いていいんだ」と思います。いっぱい抱いてあげればいいのですよ。みなさんのクラスにもいるでしょ。ひとりを抱っこしていたらほかの子が「先生、先生、だっこ！」って。「あとでね、待っててね」と言っても待ってくれないでしょ。とくに二歳児はそうですね。余裕があるときはあとでだっこしてあげればいいですね。

子どもって抱かれる量が決まっているので、量が足りないときはもらおうとして一生懸命になります。子どもは抱かれて安心し、安定していく。わかっているのです。いま、関わってもらうことが自分にとってどれだけ大切なことなのかが。

★順番は経験年数に比例する！

○歳一歳という時期は、あのよちよち歩く姿を見ただけでも、もうかわいいですね！何ともいえません。でも二歳児さんも年長の子から見ればかわいいですよ。ついついかまいたくなるでしょう？　いろんな保育園を回り、先生がたと関わっていると感じますね。年長さんを担任している先生はキリッ、シャキッとした雰囲気をもったかたが多いですね。だから自分のクラスの年長の子には厳しいけれど、○歳児さんのクラスになんか行ったらもういっぱい笑顔を出してかまうでしょ。「ウーンかわいい！」なんてね。

私はよくこんな場面を見ます。

赤ちゃんクラスの子、未満児さんの一番小さなクラスの子たちがカゴのような散歩車に乗ってお散歩していました。年長担任の先生が、わがクラスの子たちにカアッとなっているときに、赤ちゃんクラスの子がお散歩しているのを見た瞬間、パッと笑顔ですよ。「お・さ・ん・ぽ⁉」とニッコリ。年長クラスの男の子も女の子も、先生はなんで私たちとこんなにちがうの⁉と思う。この先生ステキですよね。どんな状況であっても、わがクラスの子には厳しさを、赤ちゃんクラスの子には笑顔を出している。無意識のうちに笑顔を出している、出したくなる。これが大事ですね。先生、順調ですよ。

保育園の先生がた、ステキですよ。子どもたちを散歩に連れていく先生がたを見ると、だいたい、先頭、真ん中、後ろに先生がつきます。先頭の先生の年齢層・経験年数、真ん中の先生の経験年数、一番最後につく先生の経験年数、だいたい似ていますね。全国共通、そんな気がします。

なかでも一番経験ゆたかな先生が先頭につきます。だって一番ラクだから。これは失礼！（笑）。一番後ろにつく先生は、だいたい声の大きい先生。「ストップ・ストップ！」なんて大声で伝えています。真ん中につく先生は、だいたい若い先生。一番動かないといけないからです。

その先生たちを見ているとおもしろいですよ。子どもって、列からぴっと抜けていくのです。先生がたも最初は理性が残っているから声をかけるのもやさしいんですよ。最初は、「危ないよ」。二回目、「危ない！」。三回目を知っていますか。「もう連れて帰る！」。私は子どもも先生も順調、順調！　と思いますね。

小学校ではわかりませんが、保育園に行くと、先生がたの経験年数が何となくわかります。子どもと一緒に動いている動きで。だいたい初年度の先生はつきまといますね。子どもの背後霊のようになって「危ない！　危ない！」と。

一〇年以上になると、顎から下は使いません。二〇年以上になると先生は余裕です。横の先生としゃべっています。子どもと一緒にバタバタしません。そこで子どもたちはチャンス到来と仕事が始まります。高いところに登る。登ったら飛び降りる。そうですね。そんななかでも子どもって先生をちらっと見る。先生がたもどんなにペチャクチャしゃべっていても、わがクラスの子はわかるんですよね。ここ（目）だけで子どもに合図を送っていませんか。これ

は余裕がなければできません。

おもむろに先生がたはジェスチャーで脅すのです。本当に似ています、みんな。でも子どもは言うことをききません。次に先生がたは、音で威嚇《いかく》します。手をバン！　とやります（コラッ！）。

最後に先生がたが使う手。それでも先生は動きません。どうしてか。省エネモードに入っているから。座っている、その場所から口で言います。経験年数が多い先生はそうです。私もそうでした。いいのですよ、そこでやれば。若い人は動く。その年齢、年齢でやりかたがあるのですから。

その先生は言いますね、大声で。「落ちるよ。絶対落ちる。落ちる、落ちる」。子どもって落ちるんです、本当に。ぽこっとね。「ほら！」。痛くなくても子どもは泣く。「痛い！　痛い！」

と。大げさに泣かなきゃあの先生は許してくれないのがわかっている。先生もわかっているのです「あれは大げさ!」って。

一〇年以上、二〇年以上になると子どもの心理状態がわかるのです。子どもは先生のところに泣きながら走ってきますよ。先生は「痛かったね」とは言いませんね。大げさを見抜いていますから。だからだいたい過去のことをとり出して言います。子どもに向かって、「〇〇ちゃん、この前もそうだった。先生覚えているんだから」。子どもは言いたいでしょうね(過去はどうでもいい! いまのぼくを見て!)。子どもが痛いと泣いていると、「いつまでも泣かないの。先生が一〇数える間に泣きやめるかなあ」とか言いますね。

子どもが痛い、痛いと言っているのに、見もしないでこう言いませんか「飛んだ、飛んだ」。痛いのは飛んでいきません。一番すごいのは、子どもが痛い、痛いと訴えているのに、目の前の先生がた、ニコニコしながら、「い、た、く、な、い!」と言います。いいえ、子どもたち痛いのです。痛いから泣くのです。

子どもたちは、痛いという痛みをとってほしいんじゃないのです。痛いという思いを受けてほしいのです。痛かったね。でもあれは危ないからやってはダメだよ。そう言ってしっかり抱いてあげる。きっとみなさんはそうしていると思います。これは小学生、中学生でも一緒です。痛みをとってほしいのじゃない。思いを受けてほしいのです。思いを受けてもらい、子どもたちはよい、悪いを学ぶと同時に信頼関係を深めているのではないでしょうか。

★前頭葉を発達させる子どもの「仕事」

みなさんがいま担任している子どもたちはせっせと仕事をしていると思います。動き回り、目が離せないでしょ。ちょっとのあいだでいいからホントにじっとしていてくれないかと思う。

この二歳という時期は価値観を創り上げる時期です。チョロチョロ走り、ピョンピョン跳んで、登って飛び降り、狭い所に入る。人をたたく、人のものを取る。人のものも自分のものと思っていますから。とにかくやってはいけないことをすべてやってくれます。なぜならそれが仕事だからです。そして、その場その場で褒められ、叱られ、伝えてもらう。そうやって価値観を築いていきます。

たとえばティッシュがあったら箱からドンドンつまみ出しますよね。穴があったら指を突っ込みます。紐があったら引っぱります。取り入れた洗濯物はばらばらにします。引き出しの中のものも出してばらばらにします。みなさん、経験がありませんか。お財布を置いておくと、子どもが中味をばらばらにして遊んでいたっていう。そうですよね。なかでもティッシュペーパー遊びはちらかって困りますが、子どもたちは最高に楽しそうですね。どんなに叱っても子どもは喜んでやります。

子どもたちが指先を使ってティッシュペーパーを出しているときに、みなさんがダメと言ったら、子どもたちはきっと言いたかったでしょうね、母さん、父さん、先生、ぼくはね、わたしはね、いま指先の訓練をしているんだから。ちらかしているだけじゃないんだよ。指先を使うと前頭葉が発達するんだよ。前頭葉が発達すると、ボールが飛んできたらサッとよける。転んだらパッと手が出る。本当に頭のいい子を育てようと思ったら、先生、母さん、父さん、これをしなきゃダメだよと、もし説明したらどうしますか？　きっと「ハイ、どんどん使って」と言いますよね。むかし、じいちゃん、ばあちゃんが転ぶと、膝小僧を打ち、手で支え、手のひらをけがしたよ。いまの兄ちゃん、姉ちゃんが転ぶと顔から転ぶ。だからぼくたちは手が出るようにしっかりその基礎をやっているんだよ。

思春期のお兄さんがキレると言う。これも前頭葉の未発達だといわれているよ。いまの子どもたちはやるべき時期にやるべきことをやっていない。だからぼくたち、私たちはそれを基礎からしっかりやっているんだよ。

先生！　いまの子どもたちの感性が貧弱だとよくいわれるよ。それはワクワクドキドキをいっぱい体験していないからだよ。いたずらしているときのぼくの目を見て！　キラキラドキドキ、ワクワクしているでしょ。これが感性の基礎なんだよ。これは仕事なんだよ。こういうふうに説明してくれるとわかりやすいですね。でも、子どもたちは言いません。言わずにせっせと仕事をしていくのです。

★ティッシュペーパーの思い出

ティッシュペーパーの話が出たので、保育園の先生がたに私の経験をちょっとお話しします。ティッシュペーパーの話をすると、私は二〇代前半で教えた子どもたちのことを思い出すのです。

教え子の結婚式に呼ばれて二次会に行ったとき、教え子が言うのです「先生、あのときのティッシュペーパー、おもしろかったよな。うちのかみさんは子どもがティッシュを引っぱり出しているとダメって言うけど、おれはアレを見ているとよしよしやれやれと応援したくなるんですよ。幼稚園のときのことを思い出すんですよ」。

私が二〇代の前半ごろにあのティッシュペーパーが発売になりました。いまの先生方は「ちり紙」と言わないでしょ「ティッシュ」でしょう？　私のころはちり紙だったのです。しわしわの重いやつです。鼻をかんだら鼻の下が赤くなるような。「ポケットにハンカチとちり紙」。そういう歌もありました。いまはもうなくなりました、いまはティッシュですからね。

私が幼稚園教諭を始めたのは二〇代の前半、横浜の幼稚園でした。発売になってすぐクラスの女の子が箱ティッシュを持ってきたのです。医者の子でした。その女の子が、「先生、これティッシュよ」と言うわけ。これがティッシュか！　初めて見るティッシュです。「先生、ティッシュはね、一枚出すと次が出るよ」と言うのです。出るわけがないでしょ。でも出るのです！　あれには感動しました。みなさん、初めてやってみたとき感動しませんでしたか？　私は感動しましたね。

そのころ私はひとりで四五名のクラスを受け持っていたのです。よくみなさんが言います。「先生、若いのによく四五名も見ていましたね」。いやいや、半分は見ていなかったかもしれませんね。四五名もひとりで見られませんよ。半分見るのが精一杯。でも子どもたちはのびのびと楽しんでいましたね。

私が感動してティッシュを出していたらクラスの子たちが、先生ばっかり楽しまないでぼくたちにもさせろと言うんですよ。よし、じゃあみんなでやろう。その日は午前中の保

初めてティッシュペーパーが登場した頃のお話し・・・
ホラッ
ティッシュはね一枚だすと次が出るのよ
若き熊丸先生
おお／っ
すごーい
感動!!
フワ
フワ
フワ
フワ
プーッ
くるしー
とぶよ！
そおれ〜
パタパタ
あははは・・・
わー!!
パタパタ
わー・・・
キンダーブック
新品のキンダーブック
ごめんなさいぐちゃぐちゃですが・・・お金払って下さい
たのしかったよーティッシュもってかえる〜
ボロッ

育はティッシュ出しで終わりました。おもしろかったですよ。部屋中ティッシュだらけです。

子どもたちが言うんです。「先生、これね、はがすと飛ぶ！」。ちり紙は重いから落ちるのですが、ティッシュは二枚重ねなのではがすと飛ぶんですよ。男の子が「先生、これに息を吹きかけると、もっと飛ぶ！」。よし、吹け！　という感じで吹いたんです。そればっかりやっていたら、ある子が、「先生、頭がクラクラする」。

ふと見たら、『キンダーブック』がある。現在もありますが、大判の薄い本で『キンダーブック』というのがあったのです。よし、これでティッシュをあおげ！　もうみんな興奮してパタパタやっていました。

なんで私がこれを覚えているかというと、あとで園長にすごく怒られたからです。「親にお金をもらう前に、どうして本をこんなにぐちゃぐちゃにしたの。親に申し訳ないじゃないの。どうするの！」。それで私は保護者のかたに、「このキンダーブックで子どもたちと遊んだのでぐちゃぐちゃになっていますが、どうかお金は払ってください」と謝りました。若いからできた失敗です。

そのあと、子どもが「先生、このティッシュ、どうするの」と言います。どうしようか。子どもたちがこれを持って帰ると言います。私はいまでも忘れません。子どもたちがみんなそれを拾って、きれいに手アイロンでのばして持って帰ったのですよ。まるで宝物でも持って帰るように。それを思い出します。いまでは楽しい思い出です。

★教え子と感動的な出会い!

「先生、あのときのティィッシュ出し、楽しかったよ」。そうねという話から、「先生、オレね、先生が大好きだったよ」。ありがとう。でもなんで? と聞くと、「オレ、よく漏らしてたよな」。その子はよく漏らしていたのです。彼が年中のとき、私は年長クラスの担任でしたから隣のクラスから「〇〇クン、おしっこは!」とその先生が言うのが聞こえていたのです。

私が彼の担任になった、その初日に彼が漏らしたのを覚えています。それで、どうしたのかは覚えていないのですが、彼は覚えていたのですね。「先生は、ぼくを黙ってトイレに連れていってくれて、歌を歌いながらパンツを脱がして洗ってくれて、ビニールに入れて、友だちにわからないからねと言って部屋に帰してくれた。うれしかった」と言うのです。

先生はあのとき歌を歌ってくれたと言うのです。私は歌が大好きだったので、よく替え歌を作って歌っていたのです。その子は、メロディーは忘れたけど内容は覚えていると言います。私がどんな歌だった？　と聞いたら、「♪しっこは誰でも出る。いつかは止まる。いつかは止まる♪」。なかなかの名曲ですね（笑）。

子どもはよく覚えているのですね、私は完全に忘れていました。子どもって私たちの何げない言葉や行動をよく覚えているのですね。でも私が、ギャアギャア叱ったことは覚えていないのです。子どもってステキ!!　ティッシュの話からはちょっと話がそれましたが、懐かしい思い出です。

全国を回り講演していると、教え子との感動的な出会いもあります。北九州のある保育士研修会でのことです。ひとりの保育士が近付いてきて「先生、永松先生ですよね」そうですよ。「わたし、先生に担任してもらっていた○○です。いま、わたし保育士をしています。幼稚園のとき、先生にあこがれていました。いつかわたしも幼稚園の先生になりたい、ずっとそう思っていました。今日、先生とここで会えるなんて本当にうれしいです」。

びっくりしました。あっ！　あのときの泣き虫の○○ちゃん！　ステキな保育士に成長していました。そして、横にいる若い保育士を紹介してくれました「熊丸先生、この子はわたしの教え子です」と。うれしかったですね。「先生、覚えていますか。わたしたちが卒園するとき、一人ひとりの似顔絵を描いてくださったのを」。そうでした。私は子どもたちが卒園するとき、その子の似顔絵を描き、その裏に私の思い、子どもとの思い出を書いて渡したのです。そうだったわね。「先生、わたし、あの絵を大切にとっていました。結婚したときもあの絵を持って行きました。わたしが先生とおなじ仕事に就き、熊丸先生の子どもへの思い、愛情の深さがいま、本当によくわかります。幼稚園で先生と出会えたこと、先生に関わってもらったこと、わたしの人生の宝物です」

何気なくやっていたことを、若く未熟だった私のことを、この教え子はこんなに思っていてくれた。涙がとまりませんでした。私が小学校のとき、先生の「笑顔がいいね」のひとことに支えられたように、私もこの教え子を支えていたのだと……。本当にうれしかったですね。感動的な教え子との出会いでした。

★やはり、ものにはバランスが必要

ちょっとお尋ねしますが、みなさんがクラスで一緒に組んでいる先生ですが、自分と雰囲気のちがう人と組んでいませんか？　なんかちょっと暗めのかたには明るめの先生がペアで組むでしょ。よく動く先生には落ち着いた先生が組んでませんか？　園長先生がちゃんとバランスとって組ませてますでしょ。おなじようなタイプの先生どうしでは、やっぱりクラスのバランスがとれませんから。

クラスの雰囲気は、そのクラスの担任の先生の雰囲気を表しています。そんな気がします。たとえば明るい先生のクラスは明るいし、ちょっと暗めの先生のクラスはちょっと暗めです。先生がガサガサしているクラスは、やっぱりクラスはガサガサしている。落ち着いているクラスは先生が落ち着いている。みなさんもほかのクラスを見ていて、そう感じたことはありませんか。子どもたちの言いかた、しぐさ、似てきますね。自分ではなかなかわかりませんが……。

この前、私はある保育園で二歳児の園庭あそびを見ていました。その先生は何気なしに後ろで手を組んで石ころを転がしていたのです。ふと後ろを見たら三人の二歳児が先生とおなじ格好をして石を転がしていたのです。本当におとなの言いかたやしぐさを真似します。よく見ています。

どうして先生の雰囲気がクラスの雰囲気になるのでしょう。それは、子どもたちは信頼しているおとなの真似をし、学んでいく。クラスの雰囲気が先生の雰囲気になるのは当然です。先生のことを信頼し、そして先生が大好きなのですから。

私が年長の担任をしているときでした。園長が私に言いました「あなたのクラスはがさつね！」って。私、自分ががさつだって一度も思ったことがありませんでした。がさつな子が多いクラスなんだと思っていました。でもいま改めて考えてみると、やはり似ていたのですね、私に。夫は私によく言います「君はがさつだね！」と。

整理整頓されている部屋の先生の机の上はいつもきれいです。がさつな先生の部屋の机の上はいつもちらかっています。私のクラスはそうでした。きっと子どもたちは私を信頼していたのでしょう。だからがさつさをしっかりと真似てくれたのでしょうね。

じゃ、この先生はよくてこの先生はダメなの？　いいえ、みなさん想像してください。私のような先生ばっかりだったらどうします？　園はパニックです。私のような先生の横には落ち着いてちょっと暗めの先生が必要なのです。プラス・マイナス・ゼロとなるわけです。バランスがとれるのです。子どもに関わるのはひとりのおとなだけでは無理。いろんなタイプのおとなに関わってもらって育っていくのです。

ただ、保育する先生が義理で関われば子どもも義理で返してきます。先生が楽しそうにやっていれば、子どもも楽しくやってくれます。子どもたちはちゃんとわかっているのです。保育参観がうまくいかないのは、なぜだかわかります？　こわばっている先生に、子どもたちは態度で言ってくれているのでしょう「先生、そんなに緊張しないで、先生がんばって」……と。

先生が今日の保育参観はこうやってこうやってと予定していても、絶対そのとおりになりません。ちがう方向にいくでしょ。それで参観が終わってから「あなたたち、なんで言うこときかないの！」ってことになる。先生の思うようには決してなりません。子どもは先生の心理状態をちゃんと読んでいますから。ステキですね。

クラスの雰囲気が先生の雰囲気。じゃ、私がしっかりしなくちゃいけない、完璧にならなきゃと先生がたは思うかもしれません。はたしてそうでしょうか。子どもたちは立派で完璧な先生を求めていないと思います。立派で完璧はきついのです。だって子どもたちはそれに合わせないといけないから。子どもが求めている保育士・先生は、本当に自分を見てくれる、関わってくれる、愛してくれる、信じてくれる、伝えてくれる保育士、先生ですよ。保育士・先生というものは、少しぐらい抜けていていいのですよ。ただ、その抜けているところを補ってくれる人が必要。それが横の先生であり、先輩であり、園長であり、保護者です。足りないものは遠慮なくもらう、でもあまっているものは横の先生にあげる、補いあっていく。これが手をつなぎ、子どもを見ていく、関わっていくということではないでしょうか。

★自分の子育てを否定されたようで

先生は、子どもがいけないことをしたら叱ります。叱るっていうのは、やってはいけないことを伝えていくことです。いいことをしたら褒める。褒めてよいことを伝えていく。でもそれもひとりの先生だけでは無理があるのです。関わったおとながみんなで伝えていくのです。それがしつけなのではないでしょうか。

園のお迎えの時間に、お母さんに「今日、こうだったので○○ちゃんを叱りました」と事情を報告しますね。そうするとお母さんは納得しますか。「そうですか、先生ありがとうございます」と言うお母さんもいますが。「え!? そうなんですか。家ではそんなことをしませんけど、園ではするんですか」と逆に先生のやりかたが悪いんじゃないかと暗に言う親もいますね。

小学校でも結構そんなお母さんが増えてきているそうです。いまの保護者が育った環境では「自分のことは自分でしなさい」と言われて育ってきました。弱いあなたはダメ、強

くなりなさい、しっかりがんばりなさいと親やまわりから言われて育ってきたお母さんたちです。だから子育ても自分ひとりががんばらないといけないと思っているから、「わたしはこれだけやっているのに、なんでこの子は言うことをきかないのだろう」。人からわが子が注意され叱られると、自分の子育て、いや自分自身が非難されたように思い、それは私が悪いんじゃなくて、私はこれだけやっているんだから相手の先生が悪いんだろう、友だちが悪いからうちの子はこうなったんだろうと相手に責任を負わせ自分自身を守る。

自分が否定されるのを非常に嫌がる、怖がるお母さんが増えてきたように思います。一生懸命やっているお母さんに、それが強いということがあります。それとはまったく逆に、子育てお任せという、子育てを放棄しているお母さん。何か言うと「はあーい」と返事はするけれど、実は何にも聞いていない。どうなっているの‼ と思ったこともありますよね。

ただ私は精神状態ではどっちがきついのかなあと考えたとき、一生懸命やっているお母さんのほうがきついのではないかと思うのです。自分はこれだけやっているのに、先生たちは「今日○○ちゃんがこうだったから叱りました。お母さん気をつけて」と言われると、自分の子を叱ってもらったのに、それを自分自身にあてはめて自分が叱られたような気になる。自分の子育てを否定されたようで非常に落ち込むのです。だから自分が叱られないように、注意を受ける前に自分の子どもを制しようとする。

ですから保育園でも「お母さん大丈夫よ、お母さん一生懸命がんばってるもんね、子どもってこの時期はこうなんだから、いつかわかるから」って話し、「園でも私がしっかり伝えるから、おうちでもお母さん伝えてね」と上手な伝えかたを親にしていかないといけないかなと思うのですが。でも実際、伝えかたはむずかしいですね。親の顔色を見てこれは言う、言わないではなく、やはり子どもの幸せのことを思ったらお母さん、お父さんに伝えていかなければいけないと思いますね。いまはわからなくても、いつかきっと保護者のかたもわかってくれるときが来るのですよ。あのとき、先生が言ったのはこういうことなんだ、ありがたかったなあ……と、そのときがきっと来る。それを信じ伝えていきましょう。

★親と保育者の関係づくり

講演で回っていると、お母さんがたからこんな悩みをよく耳にします。私たち親は子どものしつけをしっかりしなければと思い、がんばっています。一生懸命やっているつもりなのですが、まわりは「いまの親はダメだ、家庭がダメだ、だから子どもがなってない。しつけも社会のルールもまるでわかっていない。親がダメだからだ」。そう言われると落ち込んでしまいます。じゃ、どうすればいいのと叫びたくなります……と。

そうね、つらいわね。がんばっているのにね。ただね、しつけの基礎は家庭よ、お母さんお父さん、じいちゃんばあちゃん、の真似をして学んでいく、これがしつけ。でも本当の意味のしつけはちがうのよ。本当の意味でのしつけは、関わったすべてのおとなたちが叱って、褒めて、伝えていく、これがしつけなのよ。私はそう思います。園に行くと先生が子どもたちを叱ってくれる、褒めてくれる、ありがたいわねえ。

「でも先生、うちの子はいつもあの先生に叱られるし、注意されるの、わたしの子育て間違っていたのかしら」と言うお母さんがいました。ありがたいじゃないの叱ってもらいなさい。子どもは親が見ていないところでいろんなことをするのよ。そんなときにちゃんと叱ってもらえるなんてありがたいじゃない。そのかわりあなたも横の子がいけないことをしたら叱ってあげなさい。褒めてもらう、ありがたいわね。あなたも横の子を褒める、そんな関係をつくっていきましょうね。

お母さんがたにはそう言って私の考えを伝えています。いろんな人がいろんなかたちで関わる。みなさんもそうやっていろんな子どもに関わり、褒めて叱って、よいことと悪いことを伝えていく。

何度も言うように、しつけの基礎は親だけでは無理です。保育園・幼稚園・学校だけでも無理。そこに地域のおとなも関わる。このことが本当に求められている時代ではないかと思います。

むかしは保育者は子どもだけを見ていればいい時代でしたが、いまはちがいます。お母さんにもお父さんにも伝えていかなければいけない時代なのです。だったら私たちはどうすればいいのか、何をしたらいいのか。とくに若い先生たちは非常に悩みますね。親との関係をどうつくっていけばいいのか一番悩んでいます。保育士もベテランになるとこのお母さんにはこう伝えたらいいということがわかります。でも若い保育士さんは、親にどう言えばいいのかわからない。反対に自分よりも年上のお母さんにちょっときついことを言われるとシュンとなってしまう。でもいけないことはいけないと教えていくのじゃなくて、伝えていくのが大事かなと思います。ここですね。

一緒に組んでいる先輩の先生や主任の先生にも相談しながら子どもたちのことを考え、親御さんにも伝えていく。担任している先生だけじゃなく、園全体で見て取り組んでいく。そして保護者に伝えていくというのが大事かなと思います。

いつか必ずこのお母さん、お父さんもわかってくれるときが来る、そう信じて……。

★支える友がいてくれた

いま、私は専門学校・大学で、将来幼稚園教諭、保育士になる学生たちに乳児保育の分野を教えています。

いまでも忘れません。入学して一番最初の授業のとき、ある女の子が非常に異様な行動をするので気になりました。どういう行動をするかというと、ちゃんと座って話が聞けないのです。必ず横の子に、ベタッとくっつくのです。前の子にもベタッとくっつくのです。トイレに行くときも必ず誰かにくっついてベタベタしながら行くのです。くっつかれた子は嫌がっています。「うざい、あっちに行け！」とすごく嫌がっていました。私は、この子はたぶん基礎をもらっていないんじゃないかな、土台を踏んでいないのじゃないかなと思ったのです。彼女はずっとリストカットをしていました。自分自身を傷つけていました。

授業中に私はこんな話をしたのです。いま、君たちが人を愛することができるのは、君たちが小さいときからたくさん愛されたからよ。いま君たちの笑顔がステキなのは、笑顔をいっぱいもらったから。いま君たちが安定した状態で座っていられるのは、安心をたくさんもらったからよ。こんなふうに話をしたのです。

子どもが泣くと親は子どものところへ行き、抱いて関わる。そして笑顔をあげる。そうやって君たちは信頼関係の基礎をつくってきたんだよ、と。リストカットの話もしました。子どもはやさしく親に抱かれ、安心する。そんな内容を授業でずっと話している途中で、彼女は泣きだしました。それも異様な泣きかたです。子どもが駄々をこねるような泣きかたで、ウワーッと言って泣くのです。

どうしたのと聞いたら、気分が悪いと言います。じゃあトイレに行きなさい。そして保健室に行きなさい。彼女は黙って部屋を出て行きました。私は心配になったので後を追っていこうかなと思ったら、クラスの子たちが、「先生、放っておきな。あいつ、うざいんだ。いつもああだぜ。放っておきな」と言うのです。困ったなと思ったけどそのまま授業を九〇分して、そのあとで保健室に行きました。

彼女は休んでいました。最初は「大丈夫です」と言ったのですが、その後すぐ、ムカッとした顔をして、私に食ってかかりました。「先生、リストカットはいけないんですか」と言うのです。私は、リストカットがいけないとかいいとか言っているのじゃないよ。あなたは自分のモヤモヤを自分自身を傷つけることで解消しようとしているでしょう。「見て、見て」と言いたいのよね。なんでそんなステキなかわいい自分を傷つけるの。なんで痛めつけるの？　ほかに解決方法があるのよと言ったら、彼女は泣きながら私にこう言うのです。

「先生、わたしって本当にかわいいの？」。あなたは本当にかわいいよと言って抱き締めてあげたら、彼女はその手をぱっと払いのけて、「先生、それはわたしへの同情でしょ」と言いました。

いや、同情じゃない。本当にあなたのことがかわいいと思っているよ。彼女は泣きながら、「先生、わたしはこんな自分が嫌なんだ。みんなにやさしくしてほしい。でもやさしくされると、その人がいなくなるんじゃないかと思う。こっちを見てほしいんだ、本当は。でも、見てと言えない。だからわざとその人が怒ることをしてしまう。そしたらみんな自分から離れていってしまう。こんな自分が嫌なんだ。だから自分を傷つけ、消えてしまいたいと思う」。こう言うのですね。

私は、彼女に悪いと思ったけれど聞いたのです。あなた、お母さんはどうしているの？　彼女は言いました、あっけらかんと。「ああ、親、いないよ。小さいときにいなくなったからね。先生、授業でうそを言ったね」。私がどんなうそを言ったの？「先生は、親はやさしく子どもを抱くと言った。そんなのはうそだよ。わたしは親のことを思い出すとムカツクんだ。三つのことしか思い出せない。ぶたれたこと、湯船に浸けられたこと、体に火をつけられたこと」。虐待ですよ。つらかったね。でもそうする親もつらかったと思うよ。

「何が！」とすぐ反論しました。

じゃあ、お父さんはどうしているの？「ああ、おやじ、いるよ。いるけどうちに帰ってこないよ」。またあっけらかんと言うのです。子どもって本当に悩みがあって苦しくても、自分の悩みやつらさを見せませんね。その子もあっけらかんと言うんです「女がいるからね」。

ああ、そうなの。じゃあ、あなたの面倒は誰がみていたの。「ばあちゃん」。でもばあちゃんも忙しくてうちに来ない。それに体が弱いし。だから親戚をずっと回っていたと彼女は言うんです。

彼女はあとで「わたしには抱かれた記憶がない」と言っていました。だから彼女は、入学して信頼できそうなクラスの子たちに抱かれよう、関わってもらおうとしているのです。

私はそう思ったので、彼女が休んでいるときにクラスの子にこう言ったんです。

あのね、いま君たちが安心してここに座っていられて、人を愛することができるのは、君たちが小さいときにたくさんたくさん親にやさしさをもらったからなのよ。あの子は本当は、小さいときに親にそれをしてもらいたかった。笑顔をもらいたかった。やさしく抱いてほしかった。でもその条件がなかった。いまだって本当は親に見てほしいのよ。でもその条件が彼女にはない。だから信頼できそうな君たちにそれをもらおうとしているのよ。みんなは嫌よね、ベタベタされたら。

でもお願い。あの子を支えてあげてよ。親の五〇分の一、一〇〇分の一でもいいから彼女に関わってあげてくれないかしら。そう言って私は帰りました。そのときのクラスの雰囲気があまりよくなかったから、期待していませんでしたが……。

二週間後、授業がありました。クラスは変わっていましたね。私が帰ったあと、みんなで話し合いをしたそうです。あの子を支えていこうと。保育士になる子たちですからね。そのへんがわかったのでしょう。

二週間後どうなったか。彼女はまだベタッとしていましたね、男の子に。でもそれまでは「あっちに行け、うざい」と言っていた男の子が、感動的でした。右手でペンを持ち、左手で、みなさんが子どもをよしよしするように、その子をよしよしするんですよ。好きでもない子を。

トイレに行くとき、ある女の子はその子を抱きながらトイレに連れていきました。二年間つづきましたね。彼女はリストカットがなくなりました。座って話が聞けるようになったし、笑顔が出るようになったのです。

専門学校ですから三年間の通学です。最後の試験のときでした。答案用紙の下の空いたところに彼女はこう書いていました。「熊丸先生へ」と。

「先生、ありがとう。わたしのいないところで、わたしを支えてとみんなに言ってくれたそうですね。わたしはクラスのみんなに支えられました。先生、ありがとう。わたしは生まれて初めて人を好きになりました。わたしは生まれて初めて自分の居場所を見つけました。先生、ありがとう」

いま、彼女は介護士としてがんばっています。

★何気ない言葉のもつ重さ

人はいくつになっても人に関わってほしい。抱いてほしい。見てほしい。信じてほしい。支えてほしい。とくに子どもはそういうものなんですね。子どもたちが泣く。そうすると私たちは子どものところへ行き、声をかけ、微笑みかけ、ときにはしっかり抱く。これが信頼関係の基礎なんですよ。私はそう思います。

子どもたちは自分を見てくれる、関わってくれる、信じてくれる親、おとな、保育士、教師を求めている。そんなふうに思います。

みなさん、いま、何気なく子どもたちに言っている言葉、わかっていますか。子どもはその何気ない言葉に支えられ、何気ない言葉に傷つくということを……。私は自分自身がそうだったからわかるのです。

小学校一年のころ、私は非常に順調な子でした。そのころからよくしゃべっていました。担任の先生が私に言いました。「みっちゃん、お口にチャック！」。私はチョロチョロしていましたから、先生からいつもこう言われていました。「あんたは悪い。あんたは悪い」。子どもは親や先生から悪いと言われると、自分は悪いと思ってしまうのですよ。私は悪い子だ、悪い子だ。ずっと自分をそう思っていました。

四年生まで自分を出しませんでした。学校が大嫌いでした。ちっとも楽しくない。本当に楽しくなかったですね。私はいい子でした。いい子を演じていました。とにかくじっとしているだけでした。

五年のとき担任の先生が代わりました。いまでも忘れません。男の先生で眼鏡を掛けた、目の小さい先生だとそのときは思いました。なんで目が小さいかというと、牛乳瓶の底のような眼鏡を掛けていましたから。

その先生はすごく新鮮でした。教室に入ってきたときこう言ったのです。「お、ここには四五人の子どもがいるな。四五人の子どもがいたら、四五のいいところ、悪いところがあるんだぞ。今日、先生はみんなのいいところを言うぞ」と言ったんです。私はそのときびっくりしました。おはようも言わないで、そういうことを言ったのです。この先生はすごい。いままで見たことがないような先生だと思いました。

でも、ほかの四四人にはいいところがあってもきっと私にはないだろう。たぶん私のいいところは見つけてくれないだろう。そう思ったのです。

クラスで一番元気な子、わずらわしさをたっぷり出す男の子、リュウという子がいました。その男の子に向かって、「リュウ、おまえは悪い」と言ったんです。この先生もほかの先生と一緒だ。この子のことを悪いと言った。なんだ一緒だ。がっかりしました。

でもちがいました。「リュウ、おまえは悪い」と、ニコッと笑ったんです。「だからわかりやすい。おまえがいけないことをしたらいけないと言える。いいことをしたら褒めることができる。その点おまえは手間が省ける、ありがとうな！」と言ったんです。「おまえは元気だ。この元気は生きる力になるぞ」。その子は褒められたのか怒られたのかわからず「はあ⁉」。

今度は私の番です。先生が近くに寄ってきました。私を飛び越したらどうしよう。私に何て言うんだろう。すごくドキドキしました。先生は私に言ってくれたのです。頭をなでながら。いまでも私は高校生、中学生の頭をなでます。それはそのときの先生の手の感触が忘れられないからです。

下から私をのぞき込んで言ったのです「みっちゃん」と。そのとき私はすごく感動したのです。どうしてかわかりますか。その先生は目が小さいと思ったのに、大きかったのです。すごくやさしい目をしていました。

「みっちゃん、あんたはね、笑顔がいい」と言ってくれたのです。「あんたの笑顔はクラスで一番だよ」と。それから私のあだ名はスマイルちゃんになりました。うれしかったですね。笑顔がいい。クラスで一番だ。一番になったことがありませんでしたから。「笑顔はいい。笑顔は人を幸せにする。笑顔は財産だよ」と言ってくれました。

いま考えると、クラスには、四五人分の一番がありましたね。その先生は一人ひとりのいいところを言ってくれた。ほかの子たちもうれしかったでしょうね。

私は、中学、高校、いろいろありました。でも先生が笑顔を褒めてくれた、そのひとことが思春期の私を支えました。いまだに私は、履歴書に長所を書けと言われたら、「笑顔」と書くでしょうね。その先生が褒めてくれたことが何よりうれしかったですから。

こんな先生になりたい。こんなおとなになりたい。だから私は小学校の先生になりたいと思いました。でも小学校ではなく、幼稚園の先生になりました。

私は本を出版しました。もうおじいちゃんになっていますが、その先生に本を持っていってこう言ったのです。先生、ありがとうございました。あのとき先生が私の笑顔を褒めてくださった。本当にうれしかった。あの言葉は私の支えでした。そのことをこの本に書いていますと言ったら、その先生は何と言ったかというと、「そうか、そんなことを言ったのか」。忘れているんですよ。先生は忘れていても、私は覚えています。いまでもはっきりと。

そのとき先生は「人はみんなちがう」ということを教えてくれたのです。そして、勉強はいい点を取るためにするんじゃないと教えてくれた。勉強は、おとなになったとき、何がいいか悪いかをしっかり判断する力を身につけるそのためにするんだよ。だから一回のテストが悪くても気にしなくていい。一回、一回の勉強を大事にしよう。人間、やることに無駄はないんだぞ。そういうことをその小学校五年、六年のときに私たちに教えてくれた、伝えてくれたのです。

そしていま私は五〇年たって、今度は私に関わる子どもたちにその先生から伝えてもらったことを伝えています。

何度も何度も言っていますが、子どもというのは、もらったものを出していくんですよね。いまみなさんが言っていること、伝えていることを、子どもたちはきっと次の世代に伝えてくれる、そう信じ、私たちは自信をもって伝えていきたいですね。

★早く子どもたちの顔が見たい

二、三年前でしたか、小学校の先生がたの研究会に呼ばれて行きました。先生になって三年めぐらいの若いかたたちの集まりでした。三年めぐらいのときは本当にきついんですね、保育士もそうですが、先生がたもきついのです。研修会に行ってレポートを出すようにと、いろんな指導を受けて……。

講演のあと、何か質問ないですかと私が言ったとき、ひとりの男の先生が、私にこういうふうに言いました「先生、ぼくもうね、教師を辞めようと思っているんです」。どうして？「いや、ぼくはね、教師に向いていません。子どもたちはちっともぼくの言うことをききません。そしてぼくにいろんなことを言ってくるけど、ぼくは子どもたちに応えることができません。どうやって子どもたちと関わっていいのかわからないのです。校長や教頭からいろんなことを言われる。ぼくはもう自信がなくなって、教師を辞めようと思っています」と言うのです。

あなたね、いろんなことを言われると言うけれども、それはあなたを否定しているのではないわ。あなたを非難しているんじゃないって。あなたの指導に対してアドバイスをしているのよ。だからあなたを否定しているのじゃないのよ。あなたを育てようとしているから言うんじゃないの、そう思うわよ。

こう私が言ったら、「でも、毎日のように言われます。校長の言うようにはできません。教頭の言うようにできません」と言うから、何を言ってるの、あなた。そう言っている校長だって教頭だって、一年生のときがあったからいまがある。すぐに教頭や校長になったわけじゃないって。一個一個の積み重ねがあっていまがあるんだからって、その先生に言ったのです。

そして、「子どもたちはね、立派で完璧なあなたを求めていないわ。クラスの子どもたちは、いまのあなたが好きなの。あなたを信頼しているからわずらわしさを出すのよ。きっとこの先生だったらぼくたちのことを受けとめてくれる、わかってくれる、そう思っているにちがいないわよ。わずらわしさは信頼関係の証よ。あなたはあなたのできることをできるところからやればいいじゃない。自分の足りないところは隣の先生にもらいなさい」

私はそう言ったのです。そうしたらその先生が、「そうですかね」と言って、何かわかったのか、わからないような顔をしていました。

夏休み前にその研修会をしたのですが、夏休みが終わるころ、その若い先生から手紙が来ました。こんなことが書かれていたのです。

「熊丸先生、ありがとうございました。ぼくはあのとき、本当に教師を辞めようと思っていました。でも、いまぼくができることを精一杯やっていけばいい。ひとりでできないところは、ほかからもらえばいい。そして、余っているものは、あげればいい。子どもたちにはぼくの、この二十数年の生きかたを伝えていくしかない。それ以上のことはできない。そんなふうにちょっと開き直りました。先生、自分らしくがんばってみます」

最後に書いてあったことは感動的でした。

「ぼくは夏休みが始まる前は、ずっと夏休みがつづけばいいと思っていた。二学期が始まらなくていいと思っていた。でもいまは先生、ちがいます。早く夏休みが終わって、クラスの子どもたちの顔が見たい。そう思います」そのように書いていました。

私はこの先生の手紙を読みながら、自分が幼稚園教諭をやっていたときの主任のことを思い出しました。

私は自分で言うのもちょっとイヤなのですが、大学をトップで卒業し、ピアノの技術もトップでした。保育の指導も先生がたにいつも褒めてもらっていました。就職も一番に決まり、いま思うと「天狗」でしたね。

幼稚園に就職しても本当にイヤな職員でした。先輩の言うことはあまり聞かない。だって自分のほうが技術は上だと思っていましたから。ただ主任は、私の保育に対していつも注意をし、よく文句を言われ、一つひとつ指導が入りました。イヤでしたね。きらいでしたね、主任が……。ほかの同期の先生がたにはあまり言わないのに、私にばかり言うのです。私のことをきらいなんだ、そう思っていました。

ある日、主任に呼ばれたのです。「あーあ、またか」と思いながら行ってみると、突然主任が「先生、地獄と極楽があるの知ってる?」何が言いたいの? と思ったのですが「はい」と答えると、主任はつづけました。

「地獄と極楽ではどちらもおなじものを食べているのよ。極楽の人たちはいつもニコニコと満たされたおだやかな顔をしているの。でもね、地獄の人たちはおなじものを食べているのにギスギスと笑顔もなく、不満に満ちた顔をしている。どうしてだと思う?」

「わかりません」

そう答えた私にはまったく主任の言いたいことがわかりませんでした。

「あのね。極楽の人も地獄の人もながーい箸を持って食事をするのよ。極楽の人は食べたいものがあると相手の人が長い箸でその食べものをつまみ、相手の口に運んでくれる。運んでもらった人は『ありがとう』と感謝の気持ちを相手に伝える。『どういたしまして』感謝とやさしさが溢れているのよ。地獄は長い箸で食べものを自分で取ろうとする。相手がそれをつまもうとすると、自分の長い箸で落とす『取るな! オレのだ!』というように。でも口のところまでもってきても箸が長いので口に入らず落ちてしまう。『おまえが落とした、おまえのせいだ。オレは悪くない！』相手をうらみ、罵声をあびせるそこには、うらみや憎しみが溢れている。わかる？」

「はい」と答えた私に主任はこう言ったのです。「あなたの保育はこの地獄のような保育ね」。私はもうダメだと思いましたね。この主任の下では働けない。私のプライドを、私自身をぺしゃんこにされた。そんな思いでしたね。悔しくて涙がとまらなかったのを覚えています。

辞めよう、幼稚園教諭を辞めよう。そう思い泣きながら帰ったのです。しばらくして玄関のチャイムが鳴りました。主任でした。主任はやさしい口調で言ったのです。「あなたいま、辞めようと思っているでしょ？」私は「ピンポン！」と言いたかったですね。でも黙っていました。主任はつづけたのです。「わたしはあなたを一番に選んだの。あなたは普通の教諭では終わらない、すばらしい力をもっている。きっとステキな先生になると思っていたの。でもいまのあなたのままではきっとダメだ、わたしはそう思ったの。あなたには保育の力はあるけれど感謝と謙虚さが足りない。あなたが成長するためにはこの二つが必要なのよ。だからわたしはあなたにつらくあたった。それに気がついてほしい、そう思ったからよ。あなたを否定したのではないの。あなたがどうなってもよければわたしはあなたに何も言わないわ。もう少しがんばってみたらどうかしら？」

私はこのとき、主任の思いはあまりわかりませんでしたが、つづけてみようと思ったのです。そして私がいま、主任の年代となり、おなじ立場となり、わかるのです。あのときの主任の気持ちが……。注意されるほうはつらい。でも注意するほうはもっとつらいということが。

私は後輩、教え子に注意するとき、三回悩みます。一回め、この先生にはどんな言いかたをすればわかってくれるかしら。二回め、この先生に私の思いは伝わっているだろうか。三回め、言いすぎたのではないだろうか、明日は来るかしらってね。

どうでもよかったら私は注意しません。この先生には成長してほしい、そう思ったら言います。主任がいま、ここにいらしたら感謝の気持ちを伝えたい。でももういません。だから私はあとにつづく若い保育士、先生がたに伝えたいのです。園長・主任・先輩があなたを注意する。それはあなたを否定しているのではありません。あなたの保育に対してのアドバイスをしているのですよ。子どもの幸せを中心においたとき、子どもを傷つける指導、行動に対し、私たちは黙っているわけにはいきません。「それはちがう、こういうやりかたでなければ」と注意し、伝えていきます。どうでもよかったら言いません。ステキな保育者になってほしい。だからイヤでも言うのです。若いみなさんに伝えていきたいのです。

二〇代には二〇代の先生の役割があり、三〇代、四〇代、五〇代、六〇代にはそれぞれの年代の役割があるのです。そのときできることを、できるところから精一杯やっていく。完璧で立派というのではなく、自分らしく生きていく。その生きかたを子どもたちに伝えていく。10の力をもったひとりの保育者が子どもに関わるより、1の力をもった10人の保育者が子どもに関わる。このことのほうが、子どもはゆたかにステキに育つ。そう思います。

どうぞみなさん、子どもの幸せのために家庭・園・学校・地域と、みんなで手をつなぎましょう。そしていつの日か、教師として保育者としてやってきてよかった、そんな日が必ず来ると信じ、今日から子どもと向き合い、笑顔で関わっていきましょう。

子どものやることに無駄はない。みなさんのやることにも何ひとつ無駄なものはないのですから……。

子どもたちは幸せになるために生まれてきた。そして私たちおとなは子どもたちを幸せにする責任がある。子どもに関わるすべてのおとなたちが、いまこそ手をつなぎ、子どもの幸せのために、おとなの責任を果たしていきましょう。伝えていきましょう、私たちの思いを……。

おわりに

ある町で地域のみなさんに講演したとき、こんな質問が出ました。「熊丸さん、今日のお話の中で、10の力をもったひとりのおとなが子どもに関わるより、1の力をもった10人のおとなが関わることの大切さを話されましたが、1の力とは何なんでしょう。そして、私のような教育の専門家でもない者が子どもに関わってよいのでしょうか」と。

私は私の思いをお伝えしました。「子どもたちは立派で完璧な親、先生、おとなを求めていません。子どもたちが求めているのは、本当に自分を愛してくれる、抱いてくれる、守ってくれる、そして、褒めて叱って関わり、信じ伝えてくれるおとななのです。10の力をもち、立派で完璧なおとなは、子どもにとってはとてもきついものです。1の力というのは、たとえば笑顔のステキなかたはその笑顔を子どもにあげればいいのです。抱くことの好きなかたは抱いてあげてください。叱ることが得意なかたは叱ればいい。そして、平和や食のことを大切に思っているかたはそのことを子どもたちに伝えていけばいい。それぞれの立場で、それぞれに思いを伝えていく。この1の力が集まり10の力になったとき、子どもたちはゆたかにステキに育つのではないでしょうか」と。

また「専門家ということばを使いたいのであれば、みなさんは人生の専門家です。みなさんの生きかたを伝えていきましょう。それが子育ての原点だと思います」。

子どもたちは幸せになるために生まれてきました。その子どもたちを幸せにするのはおとなの責任です。それぞれの年代のおとなには、それぞれの役割があると思います。叱って褒めて愛して伝えていく。いつの日か必ず子どもたちは私たちの思いを理解するときがくるでしょうし、そしてきっと次代に伝えてくれる。このことを信じ、いまできることをできることからやり、子どもに関わっていきましょう。すべてのおとなたちと手をつなぎ、伝えていきましょう。生きることの素晴らしさを！

おとなたちは、わが子、わが孫、地域の子どもたちを見て、「うちの子、最高！」と思い、子どもたちのどの子も「生まれてきてよかった！」とそんな思いをもてるように、１の力を出し合い、手をつなぎましょう。

最後になりましたが、出版にあたりご協力いただいた、かもがわ出版のみなさん、そして私らしい雰囲気を出すために写真を撮影してくださった廣岩素樹さん、教え子の松尾竜治くん、楽しいイラストを描いてくださった田中せいこさん、ありがとうございました。この本をたくさんの方に読んでいただき、私の思いが少しでもみなさんの心に届くことを祈っています。

二〇一一年六月

熊丸　みつ子

熊丸みつ子プロフィール

1951年、福岡県北九州市に生まれる。1972年、中津女子短期大学幼児教育科（現東九州短期大学）卒業後、北九州市、横浜市の私立幼稚園教諭として幼児教育に携わる。1992年から福岡で幼児教育専門家として、講師活動に入る。

現在、全国の子育て教室、母親学級で親子あそびや講演活動をし、幼稚園、保育園、小・中・高校の教師研修会講師や、保護者向け講演会、地域子育て支援講座の講師を務める。専門学校、大学で教鞭をとり、後進の指導に当たる。

1992年から自宅に音楽教室を開設。1993年から2015年3月まで、23年間にわたり津屋崎少年少女合唱団の指導にあたり、現在は津屋崎のコーラスグループ“Peace Bell つやざき”の指導にあたる。

2004年、第26回母子保健奨励賞を受賞。

著書に『新聞紙で遊ぼう！雨の日だってへっちゃら』『新聞紙で遊ぼう！〈パート２〉』『大丈夫！子育て順調よ！』『うちの子、最高！』『わくわくどきどき 新聞紙あそび』が、かもがわ出版より出版されている。

新装版
うちの子、最高！
子どもたちに伝えたい！　親として、おとなとして、地域として

2025年３月25日　第１刷発行

著　者　　熊丸みつ子
発行者　　田村　太郎

発行所　　株式会社　かもがわ出版
〒602-8119 京都市上京区堀川通出水西入
営業部☎075-432-2868　FAX 075-432-2869
編集部☎075-432-2934　FAX 075-417-2114
振替　01010-5-12436
http://www.kamogawa.co.jp

印　刷　　シナノ書籍印刷株式会社

ISBN978-4-7803-1373-4　C0037